桜色の魂

チャスラフスカはなぜ日本人を50年も愛したのか

長田渚左

JN030282

集英社文庫

目次

桜色の魂

チャスラフスカはなぜ日本人を
50年も愛したのか

序章　復活と謎

その日、プロ野球選手の取材を終えて、明治神宮外苑《がいえん》にある絵画館の近くを歩いていた。

背後で夕陽《ゆうひ》が沈もうとしていた。あとわずかな時間で夕暮れを迎える。そんなことを考えていた時、携帯電話が鳴った。

「長田《おさだ》さん、小野《おの》です。ベラがね、ベラ・チャスラフスカが日本に来るわ」

「えっ、本当ですか……」私はその後の言葉が続かなかった。それほど驚いていた。

「今度日本で体操の世界選手権があるでしょう。それに合わせて呼んだらしいわよ。歓迎パーティーもあるわ。十月八日の土曜日17時から岸記念体育館のスポーツマンクラブで。彼女のトークショーもやるわ。いらっしゃいよ」

そんなことがあるのだろうか。私は日時と場所を慌ててメモしながらも、頭の中には、にわかに信じ難い、疑念が広がっていた。

情報をくれた声の主は、元参議院議員で一九六四年東京五輪の体操女子団体の銅メダリスト、小野清了《きよこ》氏だった。

とりあえずお礼を言って電話を切った。チャスラフスカが来る？　あらためて反芻《はんすう》しても、それを現実として受けとめることができなかった。何だか夢の中で電話を受けたかのような気分だった。

今から50年前、東京五輪でのベラ・チャスラフスカの人気は絶大だった。女子体操選手とは思えない映画女優のような金髪と美貌を兼ね備え、しかも世界トップレベルの実力と艶《なま》めかしい演技で金メダル3個を獲得。日本では「東京の名花」と呼ばれ、彼女が姿を現す場所に群衆が殺到した。

続く一九六八年メキシコ五輪でも世界中がチャスラフスカに期待していた。ところが、五輪開幕2カ月前、彼女の母国チェコスロバキア（当時）の首都プラハが、大量の戦車を投入したソ連（当時）軍率いるワルシャワ条約機構軍に侵攻された。社会主義共和国だったチェコスロバキアの知識人らが、政府の自由改革路線（プラハの春）を後押しする『二千語宣言』を発表し、署名したことが発端だった。26歳のチャスラフスカもこの宣言に署名していた。この急速な自由化を危惧したワルシャワ条約機構軍にチェコスロバキアは全土を占領された。メキシコ五輪を目前に控えて、チェコスロバキアの顔ともいえるチャスラフスカは出国できないのではないか、という見方もあった。

彼女の安否を世界中が注視した。そんな喧騒《けんそう》の中でメキシコ入りしたチャスラフスカは、メキシコ五輪で女子個人総合連覇を達成し、種目別も含めて4個の金メダルを獲得してみせた。

しかし、帰国後は『二千語宣言』の署名者として、ソ連の軍事力を後ろ盾に復権したチェコスロバキアの共産党政権から迫害を受けた。一切の職を与えられず、20年もの長きにわたりスポーツ界から追放された。それでもチャスラフスカは執拗《しつよう》な嫌がらせや弾圧にも、署名を撤回することはなかった。

一九八九年十一月、東欧で起きた民主化のうねりが、チェコスロバキアにも達した。ついにビロード革命が起きて、共産党政権が崩壊する。

チャスラフスカの長すぎた苦難の時代がようやく幕を下ろした。そして、彼女は再び表舞台に登場する。

一九九〇年一月、彼女はバーツラフ・ハベル大統領の補佐官に就任。同年三月、私は久しぶりに来日した彼女を取材した。その後、一九九二年の来日の際にも取材するチャンスに恵まれた。

当時、彼女は私にこんな話をした。「毎日、多くの市民の訴えに耳を傾けて、山のような手紙を一つ一つ処理するのよ。仕事はいつまでも終わらず、帰宅はいつも深夜。いつ眠って、いつ起きたのかも分からないほどの疲労感なのです」。それでも顔には笑みが浮かんでいた。日本を訪れることは自分にとって最高に楽しく、至福の時なのだと明かした。

その笑顔からわずか1年後、彼女はあまりにも悲劇的なプライベートの事件に打ちのめされる。当時18歳だった長男のマルティンが、すでに離婚していた元夫のオドロジルとディスコで口論となり、もみ合いになった。そして、床に倒されたオドロジルは不運にも命を落とす。その事件からしばらくして、チャスラフスカの消息は日本に伝えられなくなった。

地元プラハの親しかった知人らとも音信不通になり、行方不明とも言われた。精神科病院に入院しているという情報もあった。私はある関係者を通じて、長時間かけて取材のツテを探り続けた。しかし、「精神を深く病み、すでに気がふれてしまっている。誰とも会わず、何もしゃべらず、回復の見込みもない。もう彼女とのコンタクトは終生無理なのだ」と告げられた。

ノンフィクション作家の後藤正治氏の著作『ベラ・チャスラフスカ　最も美しく』（文藝春秋、二〇〇四年刊）にも、彼女が外部との接触をすべて断ち、誰にも会わなくなったことが書かれており、後藤氏が重ねて訪ねても、一度も面会できなかったことが記されていた。

絵画館へ続くイチョウ並木は、風が吹くたびに火の粉のように葉を散らした。まるで劇画のように浮き沈みの激しかったチャスラフスカの流転の人生が、私の脳裏に記録フィルムのように浮かんでは消えた。

情報を伝えてくれた小野氏の弾んだ声が、いつまでも耳に残った。

「ベラは元気らしいわ。いらっしゃい。スピーチするわ」

二〇一一年十月八日、東京・渋谷区の岸記念体育館内にあるスポーツマンクラブ。重く引かれたビロードのカーテンの前に、スポットライトに照らし出されてチャスラフスカが姿を現した。歓迎の拍手に包まれて、彼女は人々の前に立った。

「コンバンハ。ベラ・チャスラフスカです。日本はナツカシイ、ダイスキなところです」

年齢と苦労を重ねた分だけ、顔にしわが刻まれ、体形もふくよかになっていたが、日本人には印象深い、あの晴れやかな笑顔は少しも変わっていなかった。何事もなかったかのように、彼女の周囲には以前と同じように、華やかな空気が流れているようだった。

東京五輪の思い出、日本での失敗談、日本人への感謝などを、懐かしそうに、楽しそうに、身ぶり、手ぶり、時には派手なアクションやジョークも交えて、ひとりひとりに語りかけるように話した。そして、箱から金メダルを取り出して、「ワタシの宝物です」と、会場の人々に披露した。

悲劇的な事件や病気についての話題には最後まで触れず、和らいだ時間が流れた。

私は悠然と笑みをたたえて話し続けるチャスラフスカの様子をじっと見つめながら、ひょっとして精神を病んで回復の見込みはないというあの情報は、誤報だったのではないかという疑念が頭をよぎった。それほど、長い間伝え聞いていたチャスラフスカの様子と、目の前の彼女にはギャップがあった。

会が終わった後、私は控室を訪ねた。どうしても彼女に直接、確認しなければならないと思ったからだ。彼女は引き続き、懇意にしていた昔の体操選手仲間と談笑していた。その笑い声と会話が途切れるのを待って、声をかけた。

——長い間、ご病気だとうかがっていたのですが。

「そうです。誰にも会いたくなくて、誰にも会えずに……」

——どのくらいの期間だったのですか。

「およそ14年ほど」

絶望と失望、そして途方もなく長く、激しかった人生の疲労から、チャスラフスカは

14年もの時間、心と体を閉ざして、深い闇の世界に横たわり続けた。医師も、家族さえもその時間を動かすことができなかった。その闇の世界からの劇的なる復活……。それは奇跡としか言いようがない。いったい彼女はなぜ復活できたのだろうか。何を手掛かりにして再び精気を取り戻すことができたのだろうか。

チャスラフスカとの再会から数カ月が過ぎた頃、日本チェコ友好協会の大鷹節子《おおたかせつこ》会長（当時）から、1枚のファクスを見せてもらった。二〇一一年三月十一日の東日本大震災の翌十二日、チャスラフスカから同協会宛に届いた、日本国民への激励のメッセージだった。

【日本国民の皆様へ

チェコ国民は昔から日本という国を、尊敬すべき素晴らしい国民、豊かな伝統、高度な技術を有し、美しくも同時に自然の脅威にさらされている国だと認識しております。昨日の災害において自然のもたらす威力は想像をはるかに超えるものであったと思います。チェコ共和国国民は自然の破壊力、事物の破損被害の大きさに、息が詰まるような思いで見つめております。不幸にも今回の災害でなくなられた方々のご冥福をお祈りします。また被害に遭われた方々にはお見舞いを申し上げます。と同時に、救助にあたっておられる方々、ボランティアの方々等の冷静沈着な協力体制・行動に対する賞賛の気持ちでいっぱいです。日本国民の皆様と同じく、私たちもこれを試練の時ととらえ、災害が一刻も早く収まり、そして被害に遭われた方々が、一刻も早く普段の生活に戻れますように、心よりお祈り申し上げます。そのためにも、チェコ共和国国民として物心両面、可能な限りの援助をしたいと思っています。

チェコ日本友好協会　名誉会長　ベラ・チャスラフスカ　二〇一一年三月十二日】

（以上全文）

さらに大鷹会長から震災1年後の二〇一二年三月に、被災した岩手県の陸前高田市《りくぜんたかたし》と大船渡市《おおふなとし》の子供たちが、チェコの首都プラハに招待されていることを聞いた。その計画の提唱者もチェコ日本友好協会の名誉会長を務めるチャスラフスカだった。チェコ日本友好協会は数々のチャリティーイベントを主催して寄付を集め、これを基金にして被災2都市の中学2年生26人を7泊8日の旅程で招待するという。

震災で住む家を失い、狭い仮設住宅での生活を余儀なくされている子供や、家族や親戚を失った子供たちが、初めて親元を離れて日本から約9000㎞も離れたチェコ共和国へ旅をする。航空機の乗り換え時間を含めて片道約15時間……。その旅を想像しているうちに、その温かい発想と粋《いき》な計らい、言葉だけではないチャスラフスカの実行力に胸が熱くなった。

東京五輪から約半世紀を経てもなお、なぜ彼女はこれほどまで日本のことを懸命に考えてくれるのだろうか。なぜ、彼女はここまで日本を愛してくれるのだろうか……。私の脳裏に新たな疑問が湧いてきた。

その旅を私自身の目で見たい。そこで、チャスラフスカに疑問をぶつけてみたい。私は突然沸き上がってきた、プラハ行きの衝動を抑えることができなくなった。

日本とチェコ共和国の友好を深める素晴らしい企画だと確信し、テレビ局や出版社に企画を持ち込んだが、どこにも関心を示してもらえなかった。結局、取材には私一人で、貯金を取り崩して自費で行くことに決めた。


プラハではチェコ側の子供たちへのきめ細かなおもてなしに連日、心を揺さぶられた。

4日目は運動会が計画されていた。チェコと日本の子供たちの競い合いだ。障害物競走や縄跳びなど多くの種目が行われ、各種目ごとに表彰式があった。日本の子供たちは震災後の窮屈な生活をしばし忘れ、一日中、太陽の下で真剣に、楽しく汗を流した。

最後にチャスラフスカが子供たちの前で話をした。「お天気にも恵まれて、楽しい一日だったでしょう……」と語り始めたのだが、私はその話の中に何度も出てくる名前が気になった。

「あなたたちの先輩でもある日本の体操選手、ユキオ・エンドーを覚えていますか。素晴らしい体操選手でした。エンドーと私は一九六二年にプラハで行われた世界選手権で、どちらも2位でした。2年後の東京五輪では王様、頂点を目指そうと、口には出しませんでしたが、心の中で約束して、その通りになりました。ユキオ・エンドーはとても切れのある美しい体操をしました。ユキオ・エンドーは素晴らしい選手でした。ユキオ・エンドーを忘れないでください。素晴らしい日本人でした」

中学2年生の14歳の子供たちの中に、約半世紀も前の東京五輪の体操男子個人総合金メダリスト、遠藤幸雄の名前を知っている者はいなかった。子供たちがきょとんとした顔で聞いていると、彼女は執拗に、訴えるように遠藤幸雄の名前を再び口にした。

「ユキオ・エンドーは日本人の、あなたたちの先輩ですよ。名前も聞いたことがないですか。ユキオ・エンドーを知りませんか。素晴らしい体操選手、素晴らしい日本人でした」

私はそのやりとりを見ていて、チャスラフスカの遠藤幸雄への並々ならぬ情愛を感じていた。普通なら「ユキオ・エンドーを知っていますか」と聞き、子供たちが無反応ならば「そうですね。もう50年近く前のことです。あなたたちは生まれていなかったのですね」と別の話題に移るか、「素晴らしい人でしたので、今度調べてください」という対応で終わるところだろう。そう考えると、この時の彼女の対応は「普通」ではなかった。聞いている私が少し気恥ずかしくなるほど、何かを必死に訴えようとしているように見えた。

そのチャスラフスカの声を耳にしながら、突然、私は頭の中に白い閃光《せんこう》が走ったのを確かに感じた。「アッ」と思わず声が漏れた。ひょっとして……。チャスラフスカの盟友、遠藤幸雄は二〇〇九年三月に亡くなった。その年は、長く精神を病んでいたチャスラフスカが、再び公の場に姿を現した年でもある。その年から再生へ歩み始める。盟友の不治の病との闘病と死が、再起不能とさえ言われていた彼女の心に何らかの作用をもたらし、奇跡が起きたのではないか。

運動会の歓声が消えたグラウンドには、静かに水がまかれ、日だまりの中に陽炎《かげろう》がゆらゆらと揺れていた。

その日、私はベラ・チャスラフスカの復活の謎を解く鍵を、ちらっと見たような気がした。

第1章　日本との出会い

1　遊び心と憧れ

あの一九六四年の東京五輪から半世紀近い歳月が流れた。ベラ・チャスラフスカの演技に魅了された日本人の多くが、すでに還暦を迎えている。今、働き盛りの日本人で、彼女の名前を知る人は少ない。しかし、そんな気の遠くなるような長い時間を経ても、チャスラフスカの日本人に対する愛は少しもあせていない。重い心の病から回復してまもなく、東日本大震災の慰問に訪れ、被災地の子供たちをプラハに招いた。

なぜチャスラフスカはこれほどまで、日本を愛しているのだろうか。奇跡とも言われた心の病からの復活に、ひょっとして日本が関係しているのではないか。そして、盟友と言われる遠藤幸雄の死が、あるいは彼女の復活に何らかの、作用を与えたのではないか。

私の脳裏を駆け巡った、その謎を解き明かすためには、長い時間をかけて濃密に絡み合ってきたチャスラフスカと日本の歴史を、時計の針を戻して、最初から一つ一つひもといていく必要があると思った。

チャスラフスカの自伝『オリンピックへ血と汗の道』（サンケイ新聞社出版局、一九七一年刊）の中に、一九六〇年八月二十五日に開幕したローマ五輪の4カ月前に行われたチェコスロバキア選手権についての記述がある。18歳の頃の日記が引用されたもので、当時は目もくらむような演技で高得点を出すこともあれば、信じられないような失敗やミスも少なくない安定感のない選手だったことが記されている。

【一九六〇年四月二十一日

ある瞬間までは、私の平均台の中でも一番うまく行った部類のものだった。問題の瞬間はフィニッシュの直前、ゆるやかな前転とびの時。平均台を踏むはずの右足が踏んだのは端ぎりぎり。支えを失ってしまったからたまらない。床めがけてまっさかさま。やりそこないの転回運動をまだなんとかとりつくろえるかも知れない、と思った瞬間に、自分の落ちこむ方向にけり出し、まったく独創的なフィニッシュをやりとげた。（中略）一番の傑作はものすごく遠くへとんだことで、おまけに飛行中に審判まで巻きぞえにしてしまった。（中略）フィニッシュしたのは観客席。翌日、そのことで面白い手紙が舞い込んできた。幅跳びをやった方がいい。あなたには立派な素質がある、とのこと】

その六日後、モスクワでの試合についても同じような記述がある。

【一九六〇年四月二十七日

平均台。演技台に上がり、主審にあいさつ。助走スタート、とび上がり……足がすべる。どうにか、ふくらはぎで平均台にぶら下がり、そのままぶらぶら。傑作な格好もいいところ。まさに冬眠に入ろうとするこうもりそっくり。姿勢といったら最低で、抜け出るのに一苦労、でもなんとかやってよじ登りはじめたが、そのつらさといったら。果てしなく長く感じた数秒後、やっと上に上がった。とたんに、またもや反対側に落っこちそうになったが、何とか落ちずに頑張った。(中略)だが、フィニッシュの宙返りは完璧にピタリと決めた――大成功。演技時間が短すぎたため、二点を失ったので、平均台の得点は六・八五】

当時のチャスラフスカは体操選手としてまだまだ成長過程だった。技術も経験も乏しく、毎試合のように選手としての未熟さを痛感していた。そんな暗中模索の時代に、彼女は理想とも思える選手団に出会う。それがローマ五輪の団体で初めて金メダルを獲得する日本男子だった。

よほど印象深かったのだろう。あの時代を振り返る時、今も彼女の口からは当時の日本選手の名前が次々と出てくる。

「オノさん、タケモトさん、アイハラさん、若手でミツクリ、ツルミ、エンドー。初めに圧倒されたのは体操の技術のレベルの高さでした。彼らの動きの中に『猫の動き』を思い浮かべました。体の動きがとてもスムーズで、躍動するゴムまりのようでもあり、見ているだけでうきうきしました」（二〇一四年三月）

試合だけではなく、試合前の日本男子の練習の様子も他の国とはまるで空気が違っていたという。見れば見るほど日本の体操に魅了された。そして、それこそが自分が求めていた体操だということに気付いたという。

「他の国の選手は頑張る時に苦しそうな顔をするのですが、日本選手は笑顔で頑張るのです。『楽しむ』という精神に溢《あふ》れていました。日本選手の『遊び心』はとても目立っていて、心を動かされました。クーベルタン男爵が近代オリンピックの復活を考えた時に、英語で『オリンピック・ゲームズ』と言いました。ゲームは『遊び』です。日本選手は凄《すご》い演技をする時も実に自然体で、どうだ！　ほら！　といった自慢の顔もしない。自然にやって当たり前という顔でした。演技後もみんなで笑顔で手と手を合わせていました。『遊び心』というか『子供心』というか、その時、その場を楽しんでいる。本当に憧れました。それに比べてソ連の選手は全然違っていました。試合前から硬い厳しい表情で、まるで1分後に大爆発か大地震が起きるような、重く深刻な顔つきになりました」（二〇一四年三月）

チャスラフスカの目には、日本の男子選手はいつも屈託なく、楽しげで、どんな時にも平常心を失わず、実にさりげなく大技を演じる、どこか心に余裕があるように映っていたという。

ローマ五輪当時の日本男子は、一九三〇年（昭和五年）の全日本体操連盟（現在の日本体操協会）創設から30年たって、世界最強と言われたソ連を初めて破る存在として金メダル候補に挙げられていた。前回の一九五六年メルボルン五輪で団体総合で銀メダルを獲得してから4年、協会、選手、スタッフ一丸で打倒ソ連を目標に心血を注いできた。チャスラフスカが魅了された「遊び心」に代表される日本選手団のいわゆる余裕の空気には、しっかりとした自信の裏付けがあった。

確かにベテランと若手が融合したチームの雰囲気も良好だったが、それ以上に、悲願の金メダル獲得へ、今から50年以上前とは思えないほど準備態勢も万全だった。

五輪開幕の25日も前にローマに入った。すぐに選手村には入村せず、消防学校の合宿所で練習を積んだ。合宿地に消防学校を選んだのには理由があった。イタリア代表の体操選手が職員として勤務していることに目をつけ、体操器具の設備が整っていることを把握していたからだった。

早めに現地入りすることで時差ぼけを解消し、試合前に選手村へ移動する直前には、消防学校の1000人を超える陽気なイタリア人を観客に、本番さながらのリハーサル演技会を行い、しっかりと試合勘も養って本番を迎えた。つまり、本番までにやれることは、すべてやり尽くしたという充実感がチームに漂っていた。

ローマ五輪で日本男子は「不敗の王者」と言われていたソ連を破り、初めて世界一の座に就いた。個人総合は優勝が期待された小野喬《おのたかし》がソ連のシャハリンにわずかに及ばず、銀メダルに終わったものの、団体総合と、種目別の鉄棒と跳馬で小野喬が、徒手（床）で相原信行《あいはらのぶゆき》が金メダルを獲得。前回メルボルン大会の1個を上回る、合計4個の金メダルを獲得した。

まさに昇り龍のように、上昇気流に乗ったチームの勢いと、世界の頂点を奪い取ってみせるという選手の充満したエネルギーが、未知の国への興味も絡まって、チャスラフスカには神秘的に映り、まぶしいほどにキラキラと輝いて見えたのかもしれない。

チャスラフスカは日本男子のように明るく、楽しく、気取りのない、それでいて盤石な演技を披露する体操選手に憧れ、自らもそんな存在になりたいと切望するようになった。そのために日本男子の技術はもちろん、競技に取り組む姿勢まで、あらゆることを体得しようと、五輪期間中は自分の試合に集中することと並行して、日本男子の動静をまぶたに焼き付けた。

「一九六〇年のローマ五輪当時、私は18歳でまだまだ安定感に欠ける選手でしたので、自分のことを小さな生徒だと思っていて、将来は成長して日本人選手のようになりたいと強く思っていました。競技へのアプローチの仕方から楽しい雰囲気、体の使い方まで、すべてに憧れました。ですから毎日、日本選手団の試合も練習も見ていました。体育館の中だけではありません。外で遊んでいる彼らの行動など日常生活も見て勉強していたのです」（二〇一四年三月）

ローマ五輪の体操女子の団体総合は優勝ソ連、2位チェコスロバキア、3位ルーマニアという順位だった。チェコスロバキアのエースはエバ・ボサコワで、チャスラフスカの最も敬愛する先輩でもあった。チャスラフスカ個人の成績は個人総合8位、平均台6位だった。

2　プラハの誓いと〝ジャックナイフ〟

一九六二年に入るとチャスラフスカは今までの自分にはなかったような体操への情熱がふつふつと湧いてきたという。ローマ五輪からの2年間でしっかりと実績を積み上げ、国際大会で上位を狙えるという自信をつけていた。そして、同年の七月の世界選手権が地元チェコスロバキアの首都プラハで開催されることも、気合の入る大きな要素になった。

「それまでも努力してきたつもりでしたが、練習だけでなく、生活のすべてが体操のことを中心にして回るようになっていきました。プラハの世界選手権では、それまでで最高の成績を収めることができて、精神的にも充実してきたのです」（二〇一四年三月）

世界選手権の詳細については後述するが、チャスラフスカは個人総合でソ連の第一人者ラチニナに続く2位に入り、種目別では跳馬で優勝し、床でも3位に入った。大健闘だった。

この同じ大会で男子個人総合で優勝したソ連のユーリ・チトフに続いて2位になったのが日本の遠藤幸雄だった。順位と、1位と3位のソ連の選手に挟まれるという状況まで同じだった。

チャスラフスカと遠藤はこの時、お互いをともに意識していたという。

「エンドーは心の中がよく読める選手でしたし、エンドーも私の心の中がよく分かりました。口に出して言ったわけではありませんが、私たちはテレパシーで話しました。私は当時、彼のことを皇太子と呼んでいました。ですから、2年後の東京五輪では彼は皇太子ではなく王様の位置に、そして私もその位置に就こうと誓い合ったのです。チェコには『心の底から欲しいものは、手に入れる前に口に出してはいけない』ということわざがあります。それに倣《なら》ったのです。そして、私たちはその誓いを、誰にも他言しませんでした。互いにそれを他人に言わないということもテレパシーで約束したのです」

（二〇一四年三月）

目と目で心が通うほど、体操選手として、お互いのことが理解できたという。

「どちらか一方的に……ということではないのです。日本人には私が目立って見えていたようですし、日本人は私にとって強い印象でしたから……特にエンドーの体操の切れや美しさには魅了されていました」

　プラハの世界選手権で日本女子も初の団体総合3位に入った。当時のメンバーで東京五輪女子団体の銅メダリスト、中村多仁子《なかむらたにこ》は、チャスラフスカと遠藤のやり取りを克明に覚えていた。

「体操はスケートのフィギュアと同じように、好みというものが色濃く出ます。例えば上手《うま》いけどあまり好みの演技ではないとか、逆に今一つ技は未熟だけど、とても好きな選手だとか……上手い下手《へた》は別にして、雰囲気や体のラインも重要な要素なんです。そういう意味でベラは遠藤さんの体操が大好きだったと思います。ベラの遠藤さんを見る目は特別でしたよ。彼は特に切れ味のある演技をする選手でしたから」

　プラハの世界選手権の翌年、遠藤からチャスラフスカのもとに一九六三年五月十八日の消印の入った、富士山の写真のついた絵ハガキが届いた。そのハガキにはたどたどしいドイツ語でこうつづられていた。

【こんにちは、ベラさん
　私たちは五月十二日に東京に戻りました。東京は梅雨《つゆ》に入っています。あなたの方のお天気はいかがですか？

あなたからの親切と贈り物に感謝しています。よい旅を！

敬具　遠藤幸雄】

内容は実にそっけない。しかし、二人にはそれでお互いの気持ちが十分に通じ合った。チェコから9000㎞も離れた日本でユキオ・エンドーも同じように頂点を目指して練習をしている。二人の約束を果たすために。ハガキの富士山を見つめるだけで、あらためてチャスラフスカは闘志がかきたてられたのだろう。そのハガキを彼女は50年以上も大切にしていた。「何度も、何度も読みました」と後に語っている。

その同じ一九六二年の世界選手権で、男子跳馬で革命的な新技が披露された。

長さ160㎝の跳馬に両手を着いて回転し、その後に上半身と下半身の角度が90度になる跳び方で、まるで折り畳んだナイフを空間でパッと開くような鮮烈な印象を与えた。体操用語にすると『手前着手の屈身回転跳び』。その新技が日本の山下治広《やましたはるひろ》（現在は松田姓）によって、世界の舞台で初めて披露されたのだ。

一九六八年メキシコ、一九七二年ミュンヘン、一九七六年モントリオールの五輪3大会で日本人最多の8個の金メダルを獲得した加藤沢男《かとうさわお》（当時は白鷗《はくおう》大学教授）は、その『ヤマシタ・サルト』（山下跳び）と呼ばれる技の誕生の背景についてこう説明する。

「技の開発が世界中で盛んに行われていた時期です。日本国内でもあちこちで同じような跳び方が目撃されていたという報告もあります。その技の開発合戦の背景には踏み切り板の変化があると思われます。反発を得られるドイツのロイター社の開発したロイター板の使用が認められたからです。それまで使用されていた単純に斜めになっていただけの踏み切り板には弾性はなく、自力の跳躍力だけが頼りでした。しかし、踏み切り板の反発を利用できるようになって、演技構成そのものが大きく変化したといえます」

当時、東京・世田谷区の日体大の寮にいた山下は、夜に体育館の横を通りかかった時に、たまたま後輩の選手が跳馬を跳ぶ姿を目にして、山下跳びのヒントを得たという。

「あっ、面白いなあ。自分だったらもっと磨いて技として高められるのに」

山下は翌日からさっそくトライして、それまでになかった豪快な跳び技を完成させた。

「踏み切り板を2mも後方に下げて豪快に空間を生かしました。当然、踏み切り板を離した方が、観客へのアピール度も大きかった。高得点を期待してプラハの世界選手権の前に国内の試合（第1回日ソ対抗）で披露しました。ところが得点は9・3とか9・4くらい。あまり評価されずにがっかりしたんです」

ところがプラハの世界選手権で披露したら、世界中が騒然となった。その大会ではオーソドックスに跳んだチェコスロバキアのプレミセル・クルベッツに跳馬の優勝をさらわれたものの、独創的な技を初披露した山下には、「体操界のエジソン」という声まで出たという。

山下が当時を振り返る。

「プラハの世界選手権の前に強化合宿でドイツに行っている時、僕の演技だけをさまざまな角度から沢山の写真を撮《と》っている人がいました。何事かと思っていたら、それらの写真がＦＩＧ（国際体操連盟）の技術委員会に持ち込まれて議論になったそうです」

ＦＩＧの技術委員会の副委員長だった金子明友《かねこあきとも》も、スイス人のアルトゥール・ガンダー委員長と何度も意見を交換したという。何が議論の対象になったのか。同委員長は新技が見方によっては跳馬から手が離れた後、一時的に腰を折る屈身姿勢をとることが、『伸身宙返り』（ユーバーシュラーク）の失敗なのではないかという意見だった。つまり新技が従来の技の失敗と考えられると、低い評価になる可能性があり、一方で革命的な新技と認められれば10点満点になる。その見解が真っ二つに割れて大論争になったという。

確かに見たこともない新技が出現した時、統一した見解で確認できていなければ、点数も付けられないということは理解できる。

さまざまな意見の交換を経て、最終的に『ヤマシタ』と名付けられた技は、ＦＩＧの採点規定で10点満点の新技として、最高評価の技に認められた。

その後、山下は〝山下跳びの山下〟と呼ばれ、その名を世界に知らしめることになる。

「本当に嬉《うれ》しかったですよ。国内の試合でも逆輸入みたいな形で注目されるようになりました。技に対する評価がコペルニクス的に変化しました。着地が少々乱れても9・6点くらいは得点をくれるようになったんです（笑い）」

一方でFIGの正式認定後、世界中の選手たちが競うように山下跳びにチャレンジするようになった。当時の様子をある人は「猫もしゃくしも山下跳びに走った一九六〇年代」と揶揄《やゆ》した。

加藤沢男は直接その時代は知らないと前置きした上で、世界が山下跳びを見た時のショックは手に取るように分かると言う。

「それまでの跳馬は手を着いて馬を越えればいいくらいの発想しかなかった。それがロイター社の踏み切り板の反発も利用して、手で跳馬を突き放してからの可能性を広げた。つまり空中で、どう魅せるかという発想に変化した。その発想の変化そのものが山下跳びに集約されていた。それが新鮮だった。世界中の体操選手たちがこぞってやろうとしました。その後、回転やひねりがどんどん跳馬にも入ってきて、現在の体操になってゆくわけです。だから現代の体操の歴史を振り返ると、跳馬の発想の転換地点は、まさに山下跳びだったといえます」

このプラハの世界選手権で、チャスラフスカもまた〝ジャックナイフ〟の愛称で呼ばれた山下跳びに魅了された一人だった。

「非常に印象的な技でした。その技を見て時代が変わったと感じました。それほど私は強い衝撃を受けたのです。つまり、今までと同じやり方で技を続けるのではなく、自由に新しい技を考えてもいいのだということを山下さんの技を見て思ったのです。私にとってそのインスピレーションは非常に重要でした。そこから私も自由に技を考えるようになりました」（二〇一四年三月）

2年後の東京五輪で、この山下跳びがチャスラフスカの大きな武器になる。そして、この男子の大技を習得していく過程において、遠藤幸雄との以心伝心の関係が重要な役割を果たすことになる。それについてはあらためて後述したい。

3　不思議の国とドイツ語

プラハの世界選手権の4カ月後、一九六二年十二月にチャスラフスカは横浜で開催されたNHK国際体操選手権に招待された。初めての来日だった。

「もう日本選手団とは仲良しでしたし、初めて日本に行けることが嬉しくて嬉しくて」（二〇一四年三月）

日本の生活文化についての本や華道や茶道、さらにサムライの精神について書かれた本まで読んだ。さまざまな書物に目を通すうちに、欧州とはまるで違う精神と文化に、興味と期待がさらに高くなったという。興味津々で訪れた日本でチャスラフスカは、あらためて他国とはまるで違う「不思議の国」という思いを強くした。

【小さな家にきゅうくつそうに住まい（中略）、狭い島国の中で満足げに生活している。日本人は非常に正直で、奇跡ともいえるくらいの高度の技術をもっている。台風や地震などの天災にたえ間なく脅かされながら暮しているので、困難で苦しい状況に出あっても、ある達観と落ち着き、東洋的な哲学をもって対処できるのだろう。わたしは渋谷で自動車事故を目撃した。（中略）けたたましいブレーキの音を耳にすると同時に、ガラスが四方に飛びちった。大事には至らなかった。運転者がそれぞれペチャンコになった車の中から這《は》い出してきた。（中略）この二人の日本の運転者が互いに無言で歩みよると深々と頭を下げた。相手を一言も責めずに名刺を交換すると、またおじぎをし、くびすを返してその場を立ち去った。あの二人がチェコ人でないのが残念。チェコならば、鈴なりの野次馬にどなり声が飛び交い、愉快な光景がみられるだろうに】（『オリンピックへ血と汗の道』）

来日したチャスラフスカは日本を、日本人を、日本の体操を貪欲に吸収しようとした。特に体操では技そのものだけではなく、練習前の準備体操、ウオーミングアップのやり方さえも見逃さなかった。

「日本の男子選手たちから、一緒にウオーミングアップをしようと誘われました。十二月の真冬なのに体育館の窓やドアを開け放して、新鮮な空気が流れるようにしていました。手袋をして、トレーニングパンツも2枚重ねてはき、まず指先から指一本一本を動かして、次に手首、足首とだんだんに動かして、さらに筋肉と関節の運動をしてゆく。室内は寒いから、自然と絶えず体を動かすので、密度の高いウオーミングアップになる上に、同時に体の成り立ちを理解できるのです。その日の全身の状態までチェックできてしまう。とても合理的なものでした。私がみんなの真似《まね》をしてやっていると、エンドーが『この準備運動をするとケガをしにくくなるよ』と教えてくれました」（二〇一四年三月）

チャスラフスカはこの日本式ウオーミングアップをアナトミック（解剖学的）準備運動と呼び、チェコスロバキアの女子選手たちにも広めた。

「それまでチェコでは準備運動に関して何の決まり事もありませんでした。深く考えずに左手、右手、首と適当にグルグル動かすだけでした。子供が朝、起きてから体を動かすようなものでした。体の隅々まで意識することなどありませんでした。来日している間は毎日、日本選手と一緒にウオーミングアップをしました。一九六四年の東京五輪の時に『チャスラフスカは日本の7人目の選手のようだ』と新聞に書かれましたが、一九六二年の初来日の時から私はずっとそんな感じで、日本選手団の7人目の選手のようでした」（二〇一四年三月）

チャスラフスカは3週間ほど日本に滞在した。広島、京都、仙台、奈良、大阪、横浜と日本列島を転戦しながらエキシビションに出場し、日本の文化を肌で感じるとともに、日本選手団との絆《きずな》も、さらに強く、親密なものになった。
「日本の選手には本当に沢山のことを教わりました。エンドー、ヤマシタ、ツルミ、ミツクリ……。みんな親切に助言をしてくれたり、至らぬ点についても真剣に指導をしてくれました。みんなユーモアがあって、彼らひとりひとりをサムライのようだと感じました」（二〇一四年三月）
男女を問わず、日本の選手たちもチャスラフスカが大好きだったという。1歳下の中村多仁子が振り返る。
「チャスラフスカは人間として真っすぐな人でしたし、私たちが大切に打ち込んでいる体操に、凄く真摯《しんし》に向き合っていました。知りたい、分かりたい、もっと上手くなりたい、という気持ちに溢れていました。日本の女子選手6人とチャスラフスカ一人を天秤《てんびん》にかけると、チャスラフスカ1人の方が重いのではと思うくらい、男子選手たちはチャスラフスカを大切にしていましたけど（笑い）。それから、彼女の女性的な細やかさには特別なものがありました。気配りという点では日本人以上のものを持っていました。だから、女子選手も全員、当時のチームリーダーの荒川《あらかわ》（御幸《みゆき》）さんもチャスラフスカのことが大好きでした」

東京五輪までの一九六〇年代前半、日本体操界は男子がソ連とトップを争うまでに急成長。それに引っ張られるようにして女子も世界でメダル争いをするまでに実力をつけていた。一九六〇年ローマ五輪、一九六二年プラハ世界選手権、一九六四年東京五輪の選手構成は、男女とも多少の入れ替えはあったものの、選手たちの出身大学は東京教育大（現在の筑波《つくば》大）と日本体育大の二つの大学が二大勢力だった。

例えばプラハ世界選手権のレギュラーメンバー男女合わせて12人のうち、小野喬、遠藤幸雄、三栗崇《みつくりたかし》、小野清子、中村多仁子の5人は、東京教育大の卒業生と在学生だった。

その東京教育大の体操部には、他の大学とは大きな違いがあった。同体操部の選手たちは体操用語を理解するために、徹底してドイツ語を勉強していた。三栗崇が当時の体操部の様子をこう回想する。

「僕が1年生の時の4年生は、練習でもドイツ語でいろんな指示を出していました。初めは戸惑いました。ドイツ語で書かれた体操の採点規則集を覚えたり、トニー・ザイラーの『白銀は招くよ』なんてドイツ語の歌を覚えたりして独学しました。ですから体操部の中では常にドイツ語が飛び交っていました」

なぜ東京教育大はそこまでドイツ語を重視し、選手に勉強させていたのか。それについては取材の過程でさまざまな意見を聞いた。「ドイツ語の体操用語が身体表現に適している」「器械体操の創始者と言われるフリードリッヒ・L・ヤーンがドイツ人だから」等々。確かにそれぞれの見解や解釈は一理あるし、間違ってはいないとは思う。しかし、どうもしっくりと納得できない。日本人同士のコミュニケーションでは、明らかにドイツ語よりも日本語の方が通じるはずだし、何よりも日本で何十年にもわたってドイツ語を使い続ける選手たちの努力は並大抵なものではない。技の伝承とともにドイツ語を重要視してきた、何か特別な理由があるはずである。東京教育大体操部とドイツ語の強い結び付きが、私にはずっと疑問だった。

取材を続けていくうちに東京教育大で長く体操部の指導をしてきた金子明友氏にたどり着いた。一九二七年（昭和二年）生まれの金子氏は、福島県須賀川市《すかがわし》の出身で、東京高等師範学校を卒業後、一九五二年のヘルシンキ五輪に日本代表選手として出場。一九六〇年ローマ五輪はチームリーダー、一九六四年東京五輪、一九六八年メキシコ五輪では審判員を歴任。国際体操連盟（ＦＩＧ）の技術委員会副会長まで務めた。取材した二〇一四年五月当時、86歳。

取材にたどり着くまで時間がかかった。ある体操関係者は金子氏について私にこう助言してくれた。

「明治時代の生まれではないのですが、明治の匂いのする方です。ルートや紹介者を間違えると会ってくれないかもしれませんよ」

一度「NO」と言うと、次に「YES」に覆ることはまずないという。東京教育大を退いた後は、協会関連の催し物にはほとんど顔を出さなくなっていた。

ルートをなかなか見つけられないまま約半年が過ぎた頃、東京教育大の金子氏の教え子で、深い絆があると言われる加藤沢男氏に思い切って金子氏への紹介をお願いした。すんなりYESが出たわけではなかったようだが、加藤氏の粘り強い交渉のおかげで、ついにアポイントが取れた。

緑に囲まれた東京都三鷹市の自宅を訪ねた。五月の光が燦々《さんさん》と降り注ぐ居間で、穏やかに迎えてくれた金子氏に、私は疑問をぶつけた。

――東京教育大の体操部がドイツ語を使っているのはどんな理由があったのですか。

「世界の体操の頂点に君臨し続けていたソ連に勝ちたい。頭の中にはいつもソ連のことがありましたからね」

ドイツ語を話すことが、ソ連に勝つこととどう結び付くのか。金子氏は話を続けた。

「私も選手として出場したヘルシンキ五輪では日本男子は団体で5位。2年後の一九五四年のローマ世界選手権は僕もまだ現役で2位にはなったのですが、ソ連との得点差は20点近くもありました。その差は大人と子供くらいの開きがある。歯が立たないどころか、勝負にならない。当時の日本はどんな技をやれば、どのくらいの点数が出るのかも分かっていなかった。右も左も分からない時代でした。それでも一九五六年のメルボルン五輪では優勝したソ連に1・85点差まで肉迫しました。私が監督を務めた一九五八年のモスクワ世界選手権でも2・85点差の僅差《きんさ》でソ連に続く2位でした。しかし、接近はしてもまだまだソ連の壁は高く、私たちの前に立ちはだかっていました。そのソ連に勝つためには、ソ連のデータを徹底して調べなくてはならないと考えました。当時、ドイツでは世界中の体操関係の資料を集めて研究していましたから、私もソ連とドイツの専門誌を毎月取り寄せて分析していました」

——そのためにドイツ語とロシア語を学ぶ必要があったのですね。

「敵を知らなきゃ、日本がどの方向に向かえばいいのかも分からない。当時は『規定問題』がありました。五輪と世界選手権が2年おきに開催されていた時代だったから、規定演技の内容も2年ごとに一から出直さなくてはならなかった。言葉が分からなきゃ、ルールの変更も分からない。ですから、どうしても覚えておかなきゃならないドイツ語の単語や用語は、紙に書いて大学の体育館の壁に貼っていたんです。選手たちも国際試合に行けば、どのくらい語学が必要か分かるから個人的に勉強していました。別に私は『ドイツ語をやれ』とは言ってなかったけれど、体操をやるならドイツ語も……という空気が教育大にはみなぎっていました」

日本男子は一九六〇年ローマ五輪で初めてソ連を破り、世界の頂点に立った。そこから、団体で五輪5連覇という偉業を達成する。その「体操ニッポン」の時代到来には、ドイツ語の語学力が少なからず基盤にあったといえるのではないだろうか。

私が日本体操界とドイツ語に執着したのには理由がある。それはドイツ語が日本選手団とチャスラフスカの関係を深める、重要なコミュニケーションツールになっていたからだ。彼女は母国語のチェコ語以外ではドイツ語を話すことができた。ロシア語もある程度は理解できるが、英語はほとんど分からなかった。体操用語を中心にしていたとはいえ、日本選手団の中心にいた小野喬や遠藤幸雄らの東京教育大系の選手たちと、ドイツ語を介してコミュニケーションが成立したことは幸運だった。彼女もそのことを最大限に生かし、技の指導はもちろん、日本文化まで日本選手たちから積極的に吸収した。何よりも言葉が通じることで、両者の間には特別な親近感が生まれていた。

4　公正かつ公明に

チャスラフスカは日本選手との交流の中で、自分を厳しく律する一方、誰にでも隔たりなく優しく接し、いつも誠意を尽くして対応してくれる日本人の心根に人間として敬意を抱《いだ》き、母国チェコスロバキアの友人たちと同じような、信頼を寄せるようになった。

そして、選手以外にもチャスラフスカが強く心を動かされた日本人がいた。日本で初めて国際女性審判員になった吉田夏《よしだなつ》さんである。採点競技には自国を身びいきする傾向がある審判も少なからずいたが、吉田さんの判定は決して自国にかたよることなく、たとえ日本の勝敗に関わるような状況でも、常に公正で厳正だった。むしろ日本選手からは反発もあったのかもしれないが、その厳格な判定が揺らぐことはなかった。チャスラフスカは、その筋の通った吉田さんの姿勢に、どんな時も正義を貫く、気高《けだか》い気質を感じていたという。

「日本には吉田夏さんという素晴らしい審判がいました。とてもフェアでした。絶対に自国の選手を優先することがなく、同じような演技であればむしろ自国の選手の点数を抑えるような方でした。採点競技の体操で、自国という意識を無視して客観的に選手を判定できる審判は少ない。吉田さんは自国の選手も外国の選手も区別なく、一人の選手として判定できる方でした。理想に非常に近い審判でした。ですから私は吉田さんの採点を見て、なるほど勉強になると思っていました。日本人は選手も精神的に豊かで本当に素晴らしかったけど、審判も素晴らしかったのです」（二〇一四年三月）

不覚にも私は吉田夏さんの名前を知らなかった。日本体操連盟に問い合わせてみると、一九一三年（大正2年）生まれで、東京女子体操音楽学校を卒業後、都立高校の教師を務め、東京女子体育大学の教員などを歴任、すでに100歳を迎えているという。数年前に転んだことが原因で車椅子生活になったが、現在も都内の介護施設で元気にしていることが分かった。つてをたどっていくうちに、吉田さんの孫で、広告関連の仕事をしている川村裕氏《かわむらゆたか》と話すことができた。

「事前に施設のケアマネジャーに連絡を入れていただければ、会えます。日によってはうつらうつらして眠っていることもありますが、病気は特にないし、大丈夫です」

これまで100歳の人に取材をした経験はなかった。一九七五年生まれの川村さんに、チャスラフスカから聞いた吉田夏さんの話を伝えると、「それは家族にとっても名誉なことなので一緒に施設まで案内します」と言ってくれた。

二〇一四年三月十八日、寒さの和らぐ午後を選んで、JR田端《たばた》駅北口のロータリーで川村さんと待ち合わせた。明るい光が注ぎ込む施設は、車で15分ほどのところにあった。来客のための居間で待っていると、ケアマネジャーが押す車椅子に乗って吉田さんが現れた。顔の色つやもよく、100歳という年齢にはとても見えない。80代と言っても通用するくらい精気に溢れていた。私は知人に焼いてもらった一九五六年メルボルン五輪の日本選手団の集合写真を、吉田さんに差し上げた。コーチ兼審判員として参加した、帽子をかぶったスーツ姿の吉田さんが、凛々《りり》しい姿で写っていたからだ。

吉田さんは「あらーっ」と言って食い入るように写真を見つめた。眼鏡《めがね》もかけず、目を細めることもなかった。

「私も若い。とても若いわね。これが池田弘子《いけだひろこ》さん、こっちが田中敬子《たなかけいこ》、後の池田さんね。みんな若いわ。この時私は審判だけでなく、コーチもマネジャーも全部兼務していました。忙しかったわよ」

吉田さんはメルボルン五輪後も、一九六〇年ローマ五輪、一九六四年東京五輪、一九六八年メキシコ五輪、一九七二年ミュンヘン五輪と5大会連続で審判を務めたという。

孫の川村さんが「目は悪くないですが、耳が遠いので、耳元で大きな声で話してください」と教えてくれた。私は吉田さんの耳元で最大音量で声を張り上げた。

――ベラ・チャスラフスカを覚えていますか。

間髪《かんはつ》入《い》れずに反応が返ってきた。

「チャスラフスカに会いたいわね。いい選手でした。よく覚えています。一番印象深い選手です。姿を現しただけで会場の雰囲気が変わる、そんな人でした。とてもきれいでした。懐かしいわ。彼女は練習の時に私の姿を見つけると、いつも『今日はどうだったでしょうか』と聞きにきました。『自信を持ってやりなさい』と私も言いました。日本の選手は誰一人として、私に『どうでしたか』なんて聞いてきたことがないのに。そしてある時、彼女がこんな話をしたのが印象に残っています。『選手は孤独です。同じ国の選手でもお互いに本音は言わない。ライバルだから言わないのです』。何だか寂しそうでした。だから『私はあなたをきちんと見ていますよ』と返事をしたのです」

チャスラフスカはどこの国の大会でも審判の吉田さんの姿を見つけると、自分からやってきた――この行動を、同じ時代の日本選手たちはどう思うのだろうか。東京五輪女子団体の銅メダリスト、中村多仁子に聞いてみた。

「体操選手としての自信の表れでしょうね。吉田先生はもともと陸上をやっていた方で体操をやっていらしたわけじゃないから、確かに好きなタイプの選手に点が甘くなる方じゃなかったと思います。体育館にいらっしゃる時は何ともいえない威厳に満ちていらして、いつも高級な小さな帽子を頭に載せていました。あだ名は『皇后陛下様』でね、軽々しく世間話で笑い合えるような雰囲気ではなかったんです。私は可愛《かわい》がってもらった方ですが、怖がっている選手もいましたね。そういう感じの審判員に『今日の演技はどうだったですか』と自分の存在をアピールできたというのは、やはり素晴らしいと思いますよ。ポーンと相手の胸襟に入っていっちゃうわけですからね。日本人選手にはできなかったでしょう。ベラはやっぱり偉かったわ、凄いと思うわ」

体操競技は0・01の微差で勝敗が決まることが少なくない。それだけに審判を味方にとまでは言わないが、審判にいい印象を植え付けておくことは、紙一重の勝負を勝ち抜く上で重要になると思われる。しかし、チャスラフスカの吉田さんに対する言動には、そんな下心は微塵《みじん》もなかった。世界で数少ない公正かつ客観的に演技を判定できる審判として信頼していたからこそ、率直に自分の評価をゆだねたのだと思う。チャスラフスカ自身もまた公正でフェアな精神の持ち主でもある。ゆえに、吉田さんと、相通じるものがあったのかもしれない。

チャスラフスカが金メダルを獲得した東京五輪の女子種目別の跳馬で、同じく決勝に進出した日本の相原俊子《あいはらとしこ》は、わずか0・001差でメダルを逃している。持ち技の『天使跳び』(水平閉脚跳び)を成功させたが、1000分の1点差で4位に終わった。銅メダルを獲得していれば体操日本女子として五輪史上初の個人種目でのメダルだった。50年たった今も五輪の個人種目でメダルを獲得した選手がいないだけに、悔やまれる。

なぜ0・001差の微差が生まれるのか。日本体操協会発行の『体操日本栄光の物語—金メダルの王者の百年史』(小野泰男編著、一九七二年刊)によると、当時、女子の得点は男子とは異なり、5人の審判員が採点し、最高点と最低点をのぞいた3人の得点を3で割ることで得点を出していた。男子は4人の審判員だったので、上と下をのぞいて2で割ったので端数が出にくかったが、3で割る女子は小数点以下第3位までで、あとは切り捨てていた。この方式で相原は規定演技の得点、自由演技の得点、さらに種目別決勝の得点で、運の悪いことに3度も端数が切り捨てられた。この切り捨てによって合計0・002点の損をしていた、と記されている。

相原俊子は同じ体操選手でローマ五輪の金メダリスト、相原信行氏(すでに故人)と結婚後、群馬県で体操教室を開設している。以前、私も取材でお世話になったことがあったので、直接電話をかけてみた。誰よりも審判の採点の怖さを身に染みて知る人だけに、チャスラフスカが吉田さんに「今日はどうでしたか」と聞いていたことを伝え、感想を聞いてみたかった。相原が電話口の向こうで、一つ呼吸したのがかすかに聞こえた。

「ベラさんらしい言動だと思います。私もベラのことはよく知っていますから、それはいわゆる選手が審判にゴマをするということではないと思います。人柄です。ベラはとても素直で謙虚な人ですからね」

まずそう前置きした上で続けた。

「私たちも道や廊下で吉田さんをはじめ審判の方に会えば、ご挨拶はしていましたし、目礼もしました。でも『今日はどうでしたか』なんて声は、とてもかけられませんでした。だってこちらは試合前は震えるような状態ですよ。試合の時はまるで裁判で判決を言いわたす裁判官と被告のような関係ですからね（笑い）。審判とはまともに目を合わせることができないくらいドキドキしていました。私は自分のことだけで精いっぱいでした。

０・００１の得点差は今も忘れていません。私の何かが足りなかったのだろうと思っています。そのための努力をずっとしていこうと思ってきました。今でも毎晩、眠る時に、今日も何か至らなかったのではないか、何か足りなかったのではないかと振り返ります。ですから私の人生であの０・００１差はメダル以上のものになったと思っています」

一九六〇年ローマ五輪の跳馬でソ連のニコラエワが天使跳びで、9・533の得点で優勝した。4m以上も跳ぶ技だった。相原はそれを頭の中でフィルムを回すように描き出し、4年間かけて自分のものにしたという。

「東京五輪では私一人が天使跳びをやりました。1回目は自分でも満足のいく出来でした。2回目は肩にいい反応がありましたが、かすかに脚が開いたので悔いが残りました。その直後にチームリーダーの荒川（御幸）さんに、『俊ちゃん、大きな魚を逃したね』と声をかけられたんです。その時は言葉の意味がよく分かりませんでしたが、荒川さんの頭の中ではすでに得点の比較計算がすんでいたんでしょう。1000分の1の重さを感じるようになるのは、それからずっと後でした」

話が少し横道にそれてしまったので、吉田さんの取材の続きに戻りたい。チャスラフスカの話題の後、吉田さんはリノリウムの床に声を響かせて、「審判というものは……」と話し始めると、止まらなくなった。

「審判をするということは日本の代表です。海外では失敗は許されない。技を正確に見つめ、厳しさを持って審判をする。公正で公明でなくてはなりません。ルールです。目の前の体操はただ一つ。日本の代表だからといって日本人にばかりいい点数など出せません。そんな生易《なまやさ》しいものではありません。常に新鮮な気持ちで『ここはこうだ』と見極めなければなりません。体操ははっきりしています。他の国の人にもうなずかれる点数を出さなくてはなりません。選手は本当に真剣にやっているのか、その真剣さと表現がピタリと合っているかどうか。物まねはダメです。個性のない薄っぺらなものはダメです。人の心をあっと言わせるものか、これだと思わせるものか、自分にはこれ以上ないというくらいの極みを出せたか。審判は信念を持って審判する。

心が揺れるのは間違いのもと。日本の代表ですから日本人の精神で正々堂々と取り組まないといけません。勝ちは勝ち、負けは負け、信念を持って公正に審判する。オリンピックの精神に則《のっと》って。選手は1点でも多く欲しいものですが、それがルールに照らしてどうか、ルールに従って審判をする。各国の審判や選手から審判も見られているわけですから、小さな意地や意地汚いものが目立ってはダメです」

最後は少し咳《せ》き込まれたが、声には張りがあり、迫力に溢れていた。吉田さんは「公正に、公明に」「他国からも納得してもらえる点数を」「動揺があってはならない」という言葉を何度も繰り返した。その力説する姿を見ていて、彼女は日本人初の国際女性審判として、私たちの想像もつかない苦労があったに違いないと思った。彼女が初めて参加した一九五六年のメルボルン五輪はラジオで日本に実況された。当時の放送を聞くと前後開脚は『前後大股開き』、平均台のV字バランスは『尻つきバランス』と表現されている。技の名称を含めて、すべてが手探りの時代だった。再び吉田さんの耳元で大声を出して聞いた。

――どんなことで苦労をしましたか。

吉田さんは小首をかしげるようにして、正面の白い壁に向かって言った。

「苦労はなかった。苦労なんてなかったわ。苦労を、苦労だ、苦労だなんて言ってるのはダメです。どうすればいいか考えなくてはならない。苦労はなかった」

圧倒されるほど、きっぱりと言い切った。

そして、この吉田さんの少しの揺るぎもない、真っすぐな審判哲学を聞いて、チャスラフスカがなぜ吉田さんを尊敬していたのか、吉田さんに評価を仰いでいたのかが、はっきりと分かったような気がした。

施設のエレベーターホールの前で取材のお礼を言って別れを告げようとすると、吉田さんはこう言った。

「またチャスラフスカに会いたいと言っていただきたい。いい選手でした。一番いい時を見せてもらいました。人間がキリッとして、さっぱりしていて、もうあんな選手は出ないわね」

後日、吉田さんが日本人女性として初めて審判を務めたメルボルン五輪からの資料を丹念に調べたが、残念ながら審判団の得点は明記されているものの、審判員個々の採点を示すデータは体操協会の資料にも残されていなかった。

そこで吉田さんの後輩で、後に国際審判員として活躍した山田まゆみ氏（東京女子体育大学教授）に、国際審判員の立場と、審判員から見た吉田さんの人物評を聞いた。

「私自身も国際審判員をしていて最も大切だと感じたのは人間としての態度です。多少できるくらいの語学力ではむしろ誤解を招くことがあります。『違う』『了承できない』などと抗議する時は日本語で十分なんです。その後に通訳に来てもらって、その説明をすればいい。審判員同士で一緒にいると、尊敬できる人物かどうかという人間性はすぐに分かります。吉田先生は背筋の伸びた真っすぐな方で、自国の選手にも厳しい視線を緩めることがなかった。だからこそ、外国からも敬意を払われて、五輪で5大会も審判を務められたのです」

国際審判員は自分の出した採点が、そのまま「人間としての信頼」に置き換えられる。特に「自国愛」と「公正な採点」という板挟みに、その人間性が浮き彫りになってくる。吉田さんはどんな状況下でも信念が揺らぐことはなかった。その姿勢は、チャスラフスカに代表される他国の人たちには、日本の「武士道精神」の体現者に見えていたのかもしれない。

5　美と大技

東京五輪の1年前、一九六三年十月に五輪本番を想定したプレオリンピック大会、国際スポーツ競技会が東京で開催され、チャスラフスカは2度目の来日をした。女子個人総合はソ連のラチニナが制し、チャスラフスカは3位にとどまったが、この国際スポーツ競技会でも日本選手との親密な関係は続いていた。

男子の日本代表メンバーだった鶴見修治《つるみしゅうじ》は、そんなチャスラフスカの様子を今も覚えていた。

「いつもコーチと一緒に来ていました。もう日本の練習に彼女がいることが当たり前になっていて、違和感もなかったですね。確か遠藤（幸雄）くんに熱心に山下跳びを習っていました。凄いと思いましたよ。だって当時、山下跳びは男子の技でしたから。日本の女子には山下跳びをやろうという発想すらなかった時代でしたから」

一九六二年にプラハで行われた世界選手権の跳馬で、山下治広が世界で初めて山下跳びを披露した。当時、世界の体操界に革命を起こしたと言われたが、それはあくまで男子の話だった。

国際スポーツ競技会でチャスラフスカは練習でも試合会場でも、疑問が生じると遠藤にいくつも質問をして、山下跳びを着実にマスターしていった。彼女が当時を振り返る。

「実はエンドーのおかげで山下跳びの秘密を理解できたのです。一九六三年のプレオリンピックでの大切な写真があります。もう日本は寒くなっていたでしょう。ですから二人とも試合の合間に毛布にくるまって、他の選手の演技を見ながら話している写真です。多分、山下跳びについて教えてもらっているシーンです。ドイツ語にちょっぴりの日本語をまじえて、身ぶり手ぶりで話している。エンドーの話はとても分かりやすく、十分に理解できました」（二〇一四年三月）

そして、この1年後の一九六四年十月、チャスラフスカは東京五輪の跳馬で見事に山下跳びを決める。従来の山下跳びに自分なりの発想をアレンジした技で、欧州では『ヴェルカ』と呼ばれた新技だった。

元祖の山下治広も、東京五輪のチャスラフスカの山下跳びを直接、目撃していた。

「少し遠くから見ていましたが、きれいに決めました。ついにベラも山下跳びを跳んだのか、という何ともいえない感慨がありました。だって当時、女子選手はやっていなかったし、女子には不向きな技だとも思っていましたからね。女子は体が柔らかいでしょう。山下跳びは体の反発力を使う技ですから、女子にはかなりコツがいるんです。後日、遠藤くんが教えたということを誰からか聞いて、『上手く教えたんだなあ』と思いましたね。僕は跳馬で山下跳びを跳んで外国人に敗れたことはなかったけど、全日本選手権で一度だけ遠藤くんに負けたことがある。同じ山下跳びを跳んだ遠藤くんの方が高い得点が出たんです。悔しかったですよ（笑い）。まあそのくらい遠藤くんの山下跳びは見事だったんですよ」

当時、日本代表選手として会場にいた中村多仁子が言う。

「私の記憶では東京五輪でもう一人、山下跳びをやった女子選手がいました。東ドイツのシュタルケ選手でした。その選手もきちんと成功させたと思います。でも点数は伸びなかった。それに比べてチャスラフスカは強くて美しい魅せる演技で、9・733の高得点を出しました。それで彼女が世界の女子選手で初めて山下跳びを自分のものにした、つまりチャスラフスカが世界で初めて山下跳びを跳んだ女子選手と言われるようになったんです」

体操の技はやり方を教わっただけで、すぐに体得できるものではない。技術とともに感覚的なコツをつかむことが重要になる。難度の高い技であればなおさらだ。ともに母国語ではない片言のドイツ語の会話だけで、しかも、限られたほんのわずかな時間の中で、チャスラフスカは遠藤の助言を見事に吸収して、女子で誰も成しえていなかった大技をマスターした。

二人の間には言葉を超えた、何かテレパシーのような、心の会話が成立していたという。ともに個人総合で2位に終わった一九六二年のプラハの世界選手権で交わした、

「2年後の東京五輪では一緒に金メダルを」という約束も、口には出さなかったとチャスラフスカは語っている。なぜ、二人は心の会話ができたのだろうか。確かに言葉よりも先に、伝えたい、理解したいという真剣な心の訴えを、お互いがくみ取ることができたのだろう。そして、「この人ならば」という強い尊敬と、絶対的な信頼関係も、しっかりと根付いていたのだろう。しかし、それだけだろうか。

そんなことを考えている頃だった。渋谷駅前のロータリーを歩いている時、後方から聞き覚えのある声がした。「長田さ〜ん」。振り返ると雑踏の中からサングラスをかけた小柄な男性が手を振っていた。私が高校、大学時代に体育を教わった奥山健一先生だった。十数年ぶりの再会だった。

「最近どんな仕事をしているの」と聞かれ、「50年にも及ぶチャスラフスカと日本人の関わりを本にするつもりです」と説明した。その時、ふと奥山先生が東京教育大の体操部出身で、遠藤幸雄の後輩だったことを思い出した。私は思わずチャスラフスカと遠藤氏の、不思議な心のつながりについて話した。

「チャスラフスカは遠藤との関係について、すべて心の中が読めるほど分かり合えたと言っているのですが……」

奥山先生は「うーん、それは凄い」と唸《うな》って、腕を組んで言った。

「身体伝承学の中に、身体動作をズバッと一瞬でつかんでしまう感覚が出てきます。見たものを3D、4Dで分かって、具現化できる感覚とでも言うのか、専門語でキネステーゼと言うんだけど、その延長線上にある感覚かもしれない。世界を極めるほどの選手同士だから、言葉を交わす必要もなく、身体感覚で交信できたのでしょうね。極めて特別な、動物的な感覚のような気がするねえ」

お互い次の約束があったので、その場はその程度の短い会話で別れたが、恩師の思わぬ話は、ずっと頭の中から離れなかった。私は忘れないように、「キネステーゼ、キネステーゼ」とつぶやきながら人混みを歩いているうちに、金子明友氏の言葉が頭に浮かんできた。

「30㎝の高さの台からポンと跳んで両足着地するのと同じように、体操選手は鉄棒でクルクル回って宙返りしても、ピタッと床に吸い付くように着地しなくてはならないでしょう。その時選手は目で見るのではなく、すべてが見える感覚で跳んでいるんです。周辺視と言いまして、宮本武蔵《みやもとむさし》の『五輪書』の水の巻にも出てきます。『観《かん》、見《けん》、二つのこと。観の眼《め》強く、見の眼弱く、遠き所を近く見近き所を遠く見ること。兵法の専なり』です。宙返りして着地する時、視野を小さくしないで、周辺がぼーっと見えることが大切です」

そういえばチャスラフスカは日本の選手の動きについて、「猫の動き」と表現していた。その「猫の動き」を最も感じたのが遠藤だったという。屋根から落ちた猫が、本能的に体勢を整え、四本の脚で地面にピタッと立つのを見た時の驚きに近かったのだろう。

いろんなことを思いめぐらせているうちに、私はチャスラフスカが遠藤との関係について、こんな話をしてくれたことを思い出した。

「エンドーの考え方、考えていること、それはすべて分かりました。彼がどうしたいのか、何を思い、何を考えて体操をしているのか、本当によく心模様が分かったのです。こんな遠い国に、自分とこんなに似た人が存在していたなんて、そのことが面白くて、不思議でもありました。エンドーも私が考えていることはみんな分かったんだと思います。エンドーは私の体操の先生であると同時に、美の先生でもありました」

短いコメントの中に、彼女のエンドーへの敬意がにじみ出ている。以前はそう感じただけだった。しかし、あらためて読み返してみて、私は「体操の先生」という言葉の後に何気なく発せられた「美の先生」という言葉に強く反応した。単に技術や哲学だけではない、何か体操に求める「美しさ」という感覚的な部分で、二人には相通じる共通点があったのではないか。それが、いわゆる言葉を交わさなくても感覚で分かり合えるという関係が根底にあったのではないだろうか。

東京五輪1年前の一九六三年十月十四日付の日本経済新聞に「世界一を競う美人選

手」という記事で、チャスラフスカはプレオリンピック大会として行われた、国際スポーツ競技会での男子たちの様子を次のように語っている。

【会場ではこの日から男子の規定演技が始まった。遠藤さん、三栗さん、山下さん、小野さんなど日本選手の妙技を見る。ベテラン小野さんの鉄棒はさすがにすごい。やはり貫禄《かんろく》がある。ソ連、ブルガリア、ユーゴのチームもがんばっているが、シャハリンさんは意外にスロースタート。総合的にみるとやはり日本の遠藤さんが一段と光っている感じ。来年のオリンピックで金メダルの有力候補のように思われる】

このコメントから、周囲の選手に気を配りながらも、遠藤に他の選手にはない特別な光を感じていることがよく分かる。

チャスラフスカは遠藤のどこに「特別な光」を感じ取っていたのか。東京教育大の後輩にあたる加藤沢男は、遠藤の演技には他の選手にはない美観があったと指摘する。

「遠藤さんの体操は僕も大好きでした。特に体の線の美しさは、真似ができないようなものを持っていました。体操選手として大きな武器になる手と足が長い。身長は163㎝の僕の方が、遠藤さんより2㎝くらい高いのですが、どこかの控室で隣に腰掛けた時、彼の膝の方が僕より単行本一冊分の厚さほど高くて、愕然《がくぜん》となりました。つまり遠藤さんは膝から下、スネが長い。加えてその恵まれた体形が空間を通過する時の、そのラインが抜群に美しかった」

例えば倒立が美しく見えるかどうかは、倒立を決める前の動きが重要なのだという。脚を上に上げる時に、空間のどのラインを、どんな速さで、どのように通過させるかで、印象はまるで違ってくる。

「倒立のラインについては一般的に『真っすぐに』と形容しますが、その真っすぐ加減が難しい。定規を当ててスーッと引いた線には味がないでしょう。体操でも優美で味のあるラインは、絶対に定規で引いたような線じゃない。その動きを言葉にすると『切れ』『冴《さ》え』と言うんでしょうけど、遠藤さんの体操は決めの美しさと、線の美しさを兼ね備えていました。当然、高度な技は持っていましたけど、その点と点を結ぶ中間の動きも美しかったですよ」

加藤の説明で私は何となく納得できた気がした。この遠藤の線の美しい体操が、チャスラフスカには「特別な光」に見えていたのだろう。

加藤教授には白鷗大の研究室で取材をした。その部屋は体育系の教授が複数で使用しているようだった。その壁に「九時まで第一体育館に居《お》ります　加藤」と書かれた紙がかけられていた。私はその毛筆で書かれた美しい見事な字に目を奪われ、思わず尋ねた。

――これは加藤さんがお書きになったのですか。

「学生が僕を訪ねてきた時に、いないとかわいそうだから、これをドアにかけておくんです」

――この墨の色は市販の筆ペンの色ではないですね。墨をすって、毛筆でお書きになったのですね。

「そうです。下手ですけどね。大学時代に金子（明友）先生に『自分の名前ぐらいきちんと書けるようにしろ。読めたもんじゃない』と言われたんです。名前だけ書いても面白くないので、他の字も書くようになりました。自己流です。墨をすって書くようになって、体操と同じだと思うようになりました。緩急をつけた筆の運びで書かれた文字が、体操の決めとなる技と重なるんです。空間をどうとらえて、何もないところに、どう表現するか。書道、柔道、剣道……道って付くものは、みな同じだと思います。何かを表現する時の人間の動きは、物の単なる物理的な動きとは確実に違う。例えば1万回練習して上手くできるつもりでいても、1万1回目に同じようにできないこともある。人の動きほど不可解なものはない。だから、私も単に体操というよりも、体操道に近いものをやってきたのかなと思います」

1万回練習して上手くできるようになっても、1万1回目にはできなくなることもある。この加藤の言葉を聞いて、以前から不思議に思っていた遠藤の年代別競技成績のことが、ふと頭をよぎった。資料の主な成績の欄に、中学3年の時に秋田市内の大会で2

位、秋田工業でもインターハイで2位と明記されているが、次に続くのは日大体育学部の講師に就任していた一九六〇年のローマ五輪での団体金メダルと個人総合5位。つまり、東京教育大時代の成績がすっぽりと抜け落ちている。どの資料を見ても同じだった。遠藤ほどの選手であれば、大学時代のインカレや全日本選手権で好成績を残していても不思議はないはずなのに。調べてみると大学3年のインカレで初めて東京教育大の代表メンバーとして団体で優勝はしているが、個人総合では上位に名前は見当たらない。ケガでもしていたのだろうか。それとも、これが加藤の言う「1万1回目にできなくなる」という現象なのだろうか。

加藤にその謎について尋ねた。

――大学時代の遠藤さんはどんな選手だったのでしょうか。

「実際に見ていたわけではないのですが、肝心なところでミスをすることが多かったと聞いています」

順調だった上昇のカーブが、一時期とはいえ、なぜ大学時代にピタリと止まってしまったのだろうか。なぜ肝心なところでミスが出るようになったのだろうか。遠藤にどんな変化があったのか。

その理由をどうしても突き止めたくなって、再度、東京教育大の当時の監督だった金子明友氏に尋ねた。

――大学時代の遠藤選手が目立った成績を残していないのはどうしてですか。

「遠藤と同じ一九五九年度に東京教育大を卒業したメンバーは10人くらいいました。粒ぞろいでした。キャプテンをしていた渡辺二良《わたなべじろう》くんという選手がいて、桐朋《とうほう》高校（東京）時代から僕が教えていました。天才肌でね。新聞などでも竹本正男《たけもとまさお》、小野喬に続くのは渡辺と書かれたほどでした。インカレで優勝して全日本選手権でも小野くんに続いて2位に入っています。この渡辺くんの陰に遠藤くんは隠れていました。実力的には紙一重でしたが、当時は『次は渡辺の時代だ』という雰囲気でね。だから遠藤くんはスポットライトを浴びなかったんです。天才肌の渡辺くんは空間感覚に優れていました。遠藤くんの技には切れがあったが、本番ではよくポカが出て、失敗することが多かったことは確かですね」

――なぜポカが出てしまうのでしょうか。

「技のレベルを下げれば点数は取れます。でもそれでは世界のトップまでは行けない。理想を高く持ち、ギリギリを攻める。それでもどんなにやっても百発百中みたいなことにはならない。いくら練習を重ねても、確実に技を決められるというわけではない。チームリーダーを務めた一九六〇年のローマ五輪で、私は内心では小野喬くんが個人総合で優勝できると思っていました。それが、わずか0・05差でソ連のシャハリンに負けた。採点は4人の審判の出した点数のうち、一番上と一番下を切って、2で割ります。

採点は0・1点刻みですから、2で割ったから0・05。あってないような差です。運の差です。つまり体操は何回やっても絶えず不安はつきまとい、消えることがない。最後は諦めと悟りの境地です」

――渡辺二良選手は五輪代表メンバーには入っていませんが。

「日本代表のオスロ（ノルウェー）遠征で、鉄棒で体を畳んでから、パッと開く技をやった時に腰椎を痛めてしまい途中棄権しました。結局、その時に痛めた腰が回復せず、引退しました。気の毒でした。その後、桐朋高校で教員になり、理事まで務めましたが、選手としては大変に残念でした」

――当時の遠藤選手は失敗を恐れず、攻めて攻めて技の限界に向かって努力を重ねていたようですが、その姿はまるで剣豪の修行のようです。

「ああ、同じです。攻めて攻めて極みを体得しないと、国際的には戦えません。9・6点か9・7点を取れるところを攻めないと。人間は練習で積み上げてきたもの以外はできない。我々だって宙返りを失敗して命を落とすこともある。体操もそんな世界です」

――すると遠藤選手は大学時代、あくまで世界を目標に据えて、技の極みを追求していたがために、ポカも出て、成績には反映されなかったのですね。

「そうとも言えます。ただ、彼は東京五輪の個人総合の最終種目、あん馬でもポカが出た。もっと良いところを見せたいと欲が出たのかもしれない。あの時、僕は審判長でしたから、その瞬間を目の前で見ていました。でも失敗はしたが、それまでの演技での貯金がありましたから、絶対に大丈夫、遠藤くんの金メダルは揺るがないと確信はしていました」

第2章　生い立ち

1　孤独とぬくもり

東京五輪前後の遠藤のことをもっと知りたいと思い、ある新聞社の資料室に出向き、遠藤に関連する記事を片っ端から読んだ。さすがに金メダリストだけに大量にあった。その中で思わぬ記事が目にとまった。一九六四年十月二十一日付の日刊スポーツだった。

【見事に世界を制した晴れがましい遠藤の顔。ふだん柔和なこの顔には、ときどき孤独感が漂うことがある。遠藤は小学校4年生のときに母親を失い、その悲しみを味わう暇もなく、父親とも生き別れ（後略）】

さほど大きくはない記事の中に、さりげなく遠藤の生い立ちに関する記述があった。遠藤は東京五輪当時27歳。一九三七年（昭和十二年）一月十八日に秋田市で生まれているから、一九四五年（昭和二十年）の終戦時は8歳だった。あの戦後の貧しく、厳しい社会背景の中で、幼い遠藤は母親を失い、父親とも生き別れていた。そんな絶望的な現実を抱えながら、いったいどうやって体操と向き合っていたのだろうか。想像を絶する苦境の中で、遠藤は体操に何を求めていたのか。遠藤幸雄という人物をさらに知る上で、その秋田時代の生活に何か大きな手掛かりがあるような気がしてならなくなった。

家族なら生い立ちについて詳しく聞いているはずだ。そう思い、日本大学商学部の准教授で日本体操協会の常務理事も務める遠藤の長男・幸一《こういち》氏に取材の約束を取り付け、東京都世田谷区砧《きぬた》にある日本大学を訪ねた。

東日本大震災後、チャスラフスカが陸前高田市と大船渡市の中学生をプラハに招待した際、子供たちに向かって懸命に遠藤幸雄の話をしたことを、幸一氏に伝えた。私の話にじっと耳を傾けていた幸一氏は「そんなことがあったんですか。ベラさんが父のことをそんなに……嬉しいです」と眼鏡の奥の目を細めた。その後、彼に父の生い立ちについて尋ねた。しかし、幸一氏の反応は意外なものだった。彼は首を横に振って言った。

「父が秋田の感恩講《かんおんこう》という施設で育ったことは、何となく知っていました。どこでどう知ったかは覚えてはいませんが、父の口からは何も聞いたことはなかったですね。だから私の方からもその話には触れなかった。何となく父もあまり触れてほしくないのではないかと思ったんです。ですから生い立ちについて詳しくは何も聞いていないんです。二〇〇九年に72歳で父が亡くなった後、中学時代の恩師の大島新助先生、高校時代の友人の堀井弘さん、感恩講の佐々木久仁明《ささきくにあき》先生に会いに秋田に行きましたので、その方たちの方が詳しいと思います」

幸一氏も父の影響を受けて、高校、大学と体操に打ち込んだ。自分と同じ道を選んだ息子にさえ、遠藤は自らの特別な生い立ちを伝えようとはしなかった。幸一氏も気になってはいたが、父の微妙な気持ちを察して、あえて聞くことはしなかった。私は何となく幸一氏に対して、この話題をさらに掘り下げて聞くことに気が引けて、話題を変えた。

――父親としてはどんな存在でしたか。

「大好きでした。金メダリストだからではなく、人間として尊敬していました。亡くなる直前に最後に父が言った言葉は『ありがとう』でした。その声は今も耳に残っています」

実はチャスラフスカが一九七一年に出版した自伝『オリンピックへ血と汗の道』の中に、幼かった幸一氏が『エンドー二世』として登場する。彼はそれを覚えているのだろうか。また、父の盟友でもあったチャスラフスカにはどんな印象を持っていたのだろうか。

「ベラさんの本に書かれているのは東京五輪の翌年、横浜でのことで、当時の僕は3歳くらいなのでほとんど覚えていません。ベラさんがいつも僕のことを『コーイチ、コーイチ』と呼んで、チヤホヤしてくれた記憶はありますが、お姉さんともお母さんともいえない年齢だったので、何だか少し抵抗がありました。小学1年の時に名古屋まで出向いてテレビのワイドショーのような番組に出たことは覚えています。『チャスラフスカの小さな恋人登場』と呼ばれて、花束を抱えて出て行ったら、抱き締められて、ほっぺたにキスをしてもらいました（笑い）。まだきれいな人だとか全然分からなかったし、外国人といえば僕はベラさんしか知りませんでした」

父とチャスラフスカのつながりについては、どう感じていたのだろうか。

「近い人だな、とは思っていました。一九六二年のプラハ世界選手権で同じ2位、一九六四年の東京五輪の個人総合も一緒に優勝、そして一九六八年の引退試合も一緒でした。絆はあったと思います」

息子も知らない秋田時代の遠藤幸雄を知りたくて、秋田に行くことにした。

四月も半ばというのに、新幹線の車窓から見える山々には、季節が戻ってしまったような沢山の雪が残っていた。

遠藤の秋田工業高校時代の同級生で、同じ体操部に所属していた堀井弘氏に、同校の校門を入って左手にある同窓会館で会うことになった。そこで堀井氏は遠藤の中学時代の恩師である大島新助先生にも引き合わせてくれた。

大島先生は「遠藤くんのことで、東京からよく来てくれました」と切り出し、お茶をすすりながらポツリ、ポツリと話し始めた。

「幸雄君は小学校4年生の時にお母さんを結核で亡くしまして、お父さんは今の秋田駅近くで薬屋をやっていましたが、事業に失敗して店を手放したんですよ。その後、あまり家には帰って来なくなったようです。幸雄君ははじめ東中学に通っておりまして、その教頭先生が幸雄君を預かったんです。ところがその家には4、5歳上の教頭先生の息子がいて、この男の子とあまり上手くいかなかったようです。さらに東中学が都市開発でなくなることになり、それではということで感恩講児童保育院に移り、私のいた久保田中学に通うようになったのです」

当時、久保田中学の体操部の1学年上に、東京五輪の女子団体で銅メダルを獲得する小野清子（当時は大泉姓）も在籍していた。大島先生が続ける。

「体育館がなくて、廊下にマットを敷いて練習していました。それを幸雄君は教室の入り口からアゴに手をあてて見ていたんです。体操の授業で彼はとても身軽で跳び箱も器用に跳んでいましたから、みんなの前で『幸雄君のを見ましょう』と、よくお手本にしていたんです。私もよく彼をほめていました。ある生徒から『幸雄君が体操をやりたいらしい』とも聞いていました。掃除の見回りの際に本人からも『一緒にやりたい』というようなことを聞きました。けれど他の子供とは家庭環境が違うので、部活動主体の生活は難しいと思っていました。実際に『お母さんがいないから大変だぞ』と私は言ったと思います。ですが、彼はそのうち練習に参加するようになった。ジャンプ力はありましたが、その頃の幸雄君は他に取り立ててどうということはなかったです。ただ練習を休まなかった。多分入部してからは一日も休んでないでしょう。

当時は今のように給食などない時代でした。ですから、こちらも彼の施設には迷惑をかけないように、食堂を経営している部員もいたので、遠藤君のお弁当をお願いしたりもしました。その弁当は用務員室の棚の上に目立たないように置いてもらいました。クラスの生徒の親も事情を分かってくれていて、おにぎりなども持ってきてくれました。あの頃は物資のない時代ではありましたが、私の実家は農家でしたので、米だけはありましたから。

私自身は陸上をやっていて体操を指導する力がないので、規定の講習会があると隣の秋田高校へ子供たちを見学に連れて行ったりもしました。幸雄君は3年生の時に秋田市の大会で個人総合2番になりました。中学を卒業したらどうするか、という時期になって、担任でもあった私は幸雄君に『どうしたいのか』と聞きました。彼は『分からない』と下を向いた。自分の家庭環境を考えているようでした。私が『体操を続けたいのか』と聞くと、これだけは『やりたい』とはっきり言いました。それで感恩講の菅原幸《すがわらこう》三郎《ざぶろう》院長先生のところへ相談に行くことにしました」

当時、感恩講児童保育院から高校へ進学した子供はいなかった。義務教育を終えたら施設を出て、仕事を見つけて自分の力で生きていくことが当然とされていた。

「『何とかならないでしょうか』と相談に行くと、『私の一存では判断しかねるので、理事長のところに話しに行ったらいかがですか』と言われました。そこで今度は久保田中学の高橋忠広校長と一緒に、理事長さんのところへ相談に行きました。数日後、『そういう子供でしたら』ということで高校への道が開けたんです。嬉しかった。菅原先生のところへ何度もお礼に行きました」

もしも、感恩講の判断が『NO』だったら、遠藤の卒業後の道はどうなっていたのだろうか。

「その場合は私の実家から高校へ通わせようかと考えていました。5歳上の私の兄と相談はしていました。問題は私の実家から高校までは片道13㎞の山道なので、仮に通うとなると今度は体操が続けられなくなるのではという心配がありました。感恩講からは毎年、17～18人が久保田中学に通っていましたが、幸雄君が高校へ進学する初めての子供でした。他の子供とのケンカやもめ事もなかった。成績も優秀だったので進学校の秋田高校に入る力も十分ありました。でも私は秋田工業への進学を薦めました。師範学校時代の私の一つ下の後輩の小田原（行男）君が体操部の顧問をやっていたし、工業は就職率が高いので、就職にも有利だと考えたからです」

中学、高校時代は思春期の難しい時期でもある。家庭環境も複雑だった遠藤に、何か不安な点などはなかったのだろうか。

「理由は忘れましたが一度、彼をしかって校庭を走らせたことがありました。そのうち電話がかかってきたこともあり、幸雄君のことを忘れてしまった。しばらくすると女子生徒が『先生ひどいじゃないの、幸雄君まだ走ってるよ』と真っ赤な顔で言いにきました。私が声をかけるまで彼は走るのをやめようとしなかった。そんな子供でした。ところが、彼が感恩講で生活するようになる前に世話になった、東中学の教頭先生の家が久保田中学の門のすぐそばだったので、『何かの時に挨拶に行ったらどうだ』と言ったことがあります。その時ばかりは口をへの字に曲げて、首を激しく振って拒否しました。後にも先にも幸雄君のあんな顔は見たことはありませんでした」


秋田工業に進学してからも大島先生は、試合のたびに審判員として遠藤の演技を見ていた。

「高校に入ってから彼の演技は明るくなっていった。友達も良かったんだと思います。人に心を開くようになったのだと思いました。体操は勝手に走っていればいい陸上などとは違って、人に見せる要素のある競技です。人を避けていては見せられない。高校生になって少しずつ彼の内面的な変化を感じるようになりました」

『秋工体操部創部50周年記念誌』に、遠藤は「部生活3年に想《おも》う」と題して、自らの高校時代をこう書き記している。

【昭和27年4月、伝統ある秋工に入学を許され、（その年のインターハイは京都で開催された）1年生には参加する実力はなかったが、将来を考慮し「1人だけ連れて行く」とのことばに、ライバル意識が高まったことを覚えている。県外に出たことのない私にとって、京都は魅力多大であり、遠征切符を獲得する条件、すなわち〝つり輪〟の入り技、「後方け上がり支持」の可能を求めトレーニングは必死であった。切符は結局、私に落札した。（中略）秋工の当時の体育館は御世辞《おせじ》にもトレーニングに適しているとはいえなかった。フロアーは狭く、照明は暗く、鉄棒の車輪運動のため、梁《はり》を先輩の努力（？）によって切断してあるなどはその代表といってよい。冬期トレーニングでは除雪作業が優先すること常であった。こんな中にも憩いの場があった。先輩の築いた汗臭い部屋がそれである。狭い部室は早飯の場であり、実習着に着替える場であり、そして、仲間意識を高める場でもあった】

中学時代から顔見知りだった堀井弘氏は、3年間毎日一緒に練習した。

「入学時は体操部に9人入部したのですが、二人辞めて残ったのは7人でした。顧問の小田原先生は、当時流行していた三船敏郎主演の映画の題名から取って『七人の侍』なんて呼んでいました。1級上が一人だけだったこともあり、話しやすい、いい雰囲気でした。試合が近づくと市内にいる先輩方が練習を見に来てくれるんですが、彼らが乗ってくるバイクの音が聞こえてくると、みんなで『また練習時間が延びて帰れなくなるなあ』なんて首をすくめたものです（笑い）」

そんな地元のOBの協力もあり、遠藤らは高校2年の八月に開催された第8回全県高校体操競技会で団体3位となり、遠藤自身も個人総合で3位に入った。そして、同年の十月の愛媛国体では高校男子団体3位という好成績を残した。

高校3年の六月の第9回全県高校体操競技会では、17年ぶりに能代《のしろ》工業（小野喬を輩出した体操の名門校）を抑えて団体優勝。七月に大阪で行われたインターハイでは団体で準優勝し、遠藤は個人総合で2位に入った。

3年時に体操部のキャプテンを務めた遠藤は、まさに「七人の侍」のエースとして圧倒的な存在感を示し、全国でも注目される選手に成長した。しかし、当時、本人は大学進学は期待していなかった。

『私の人生』と題した遠藤の講演録（第40回東北ブロック養護施設研究協議会・平成四年度六月二十五〜二十六日開催）が残っている。

【大学受験のことはまったく考えていませんでした。家庭環境からしてそうです。ところが高校3年の時インターハイで2番になりまして、秋田工業高校も2番に入った。そんなことから再度大学受験の話が持ち上がったのです。（中略）『芸は身を助く』と言いますけれども、それが100%当たっているわけではありませんが、中学校で2番、インターハイで2番、その成績がなかったら周りの方々から、そんな遠藤に対する進路の話はなかったのではないかと思います】

【（大学での）生活費をどうしたと思います？　もちろん私は合宿所に入りました。安いですから。それで確か、（感恩講児童）保育院での月の生活費は定かではありませんが、その分を東京での生活費ということで、記憶では4300円だったと思いますけれども、院長先生から送ってもらったわけです。足りない分はいろいろとアルバイトなどして補い、20歳《はたち》までそれが続きました。20歳を過ぎますと、そういう援助はありませんので、自らということになるわけですけど、本当に院長先生のそういう配慮と決断なしには今の私は考えられなかったと思います。（中略）高田馬場《たかだのばば》で、ちっちゃな工場でしたけど、ポスターを刷ってそれをピンに刺す手作業なんです。当時は時給20円でしたね。部の練習が終わって、高田馬場に行って、3時間、4時間ぐらいの作業をして、それから池袋から西武線で合宿所に帰るわけです。だいたい、終電が多かったですね。（中略）合宿所に帰って、飯を食おうとすると……ないんです。その合宿所には体操部、陸上部、ラグビー部の3つのクラブが入っていたんですから、私の分を後輩の誰かが食ってるんです。体操部じゃないですよ。それで同級生が『誰だ、遠藤はこんなに苦労してアルバイトして、こんなに遅く帰ってきたのに、駄目じゃないか』ってしかってもくれ

たですね】

「芸は身を助く」と遠藤自身が語っているように、もちろん本人の努力と才能なくしては、その後に続く栄光の人生はなかっただろう。しかし、こうして彼の大学までの人生を振り返ると、学校の恩師や友人、感恩講児童保育院の先生といった、周囲の人々の遠藤に対する無私の愛情と温かいまなざし、細やかな気配りも、並大抵のものではなかった。感恩講児童保育院の院長が、県と掛け合って高校の授業料を安くしてもらったり、遠征費や大学の入学金などをポケットマネーから出したらしい、と聞いたことがある、と同級生の堀井氏は明かした。

「ウチはサラリーマン家庭でしたけど、両親そろっていましたから、ウチにも幸雄君はよく飯を食いにきていました。幸雄君の周囲の人は『何かやってあげている』という気持ちはなかったと思います。夏の合宿で、暑くて暑くてアイスクリームが食いたいなんて時でも、みんなで幸雄君の分は出していました。みんなも幸雄君は小遣いをもらってないから当然という感じでした」

遠藤の周囲の人たちには、世間によくあるいわゆる児童保育施設出身者への特別意識や差別、偏見などもまったくなかったという。堀井氏が続ける。

「特別な意識はなかったですね。高校生になって彼が一人部屋をもらったというので僕も時々遊びに行ってました。感恩講の施設の構えもしっかりしていたし、何よりもどんな境遇にあっても仲間だという思いが強かったです。もし、幸雄君に差別的なことがあれば、僕らが黙っていなかったでしょうね」

感恩講児童保育院とは、いったいどんな施設だったのか。すでに退職された第10代院長の佐々木久仁明氏に話を聞くことができた。

「創始者である那波三郎右衛門祐生《なばさぶろうえもんゆうせい》という方は、もともとは京都で呉服商をされていたといいます。その店が火事に見舞われて全焼し、すべてを失って途方に暮れていた時、秋田の佐竹《さたけ》さん（藩主）にお金を貸していたことを思い出して、秋田までやってきた。そこで佐竹藩の御用商人となって、息を吹き返して成功する。そして、自分も助けてもらったのだから、今度は助ける側になりたいと思われたようです」

感恩講そのものについては、米国の権威ある外交評論誌『フォーリン・アフェアーズ』の中で、ＮＰＯ実証研究の第一人者でもあるレスター・サラモン博士が「福祉国家の衰退と非営利団体の台頭」という論文を掲載している。その中に「日本においても慈善活動は仏教の時代までさかのぼることができるし、報恩社（正しい訳は感恩講）という近代的慈善組織がすでに一八二九年に設立されている。これは米国で慈善活動が始まるほぼ1世紀前の話である」（『中央公論』平成六年十月号に邦訳掲載）と書かれている。

感恩講が設立された一八二九年（文政十二年）は明治改元の40年も前で、シーボルト事件の1年後、日本はまだ鎖国時代にあった。そんな時代から江戸↓明治↓大正↓昭和↓平成と途切れることなく、困窮者を救ってきたという。佐々木氏がその理由を解説する。

「発想として素晴らしかったのは、一度お金を集めても使ってしまえば終わってしまうので、そうではなく、原資となるものを何かに還元し、それを長期にわたって回す方法で繰り返してゆくことを思い付かれたことです。つまり、祐生氏は第十代秋田藩主・佐竹義厚《よしひろ》氏より年貢徴収権を認めてもらい、『知行地』を買い入れることを許してもらう。農地から上がってくる米を原資にして、毎年の年貢で困窮者を救う民営主体の慈善組織を作り上げるわけです」

祐生氏は自ら４００両を寄付し、さらに資金集めに奔走し、２０００両まで増やして、米や木炭を収納する蔵二棟の建設に乗り出す。金に余裕のない者は労働力を、職人は技術力を提供するという、今でいうならボランティア精神に溢れた工事だった。蔵は2年で完成し、工事費用は予算の半分で済んだとされる。

感恩講児童保育院の創立１００周年記念特集誌『希望の窓』には、貧民への白米を半月ごとに配給し、寒い時期には衣類や木炭を配布する施米の様子や、病人には薬品を施与したと書かれている。

感恩講は時代に応じて役割を変えてきた。一九〇三年（明治三十六年）には事業理念を「窮民の子弟を収容してこれに衣食を与え、教育を施し、独立自営の途を立てさせることが最も有効な方法である」として、一九〇五年に児童保育院として90坪の土地に木造二階建ての家屋を建てて、貧しい児童の救済に乗り出すことになる。

日本初の民間主体による官民協力のセーフティーネットは、大雪や大雨といった自然災害による凶作に苦しむ貧しい人々を一人でも多く救いたいという、祐生氏と藩主・佐竹氏の思いが込められていた。

生きるために子供を捨てる、あるいは手放さなくてはならなかった人々のことを考える時、私には思い出す文章がある。

【「クテテ、ヘワネガラ、ナゲネデケロ」岩手の北の方言で、そのまま書けばこうなる。訳すと「食べたいと言わないから、棄《す》てないでくれ」という意味だ。

饑饉《ききん》の年が続いて、大雨になって、食糧も何もなくなった時、豪雨の中にとび出した若い母親が、泣き叫んでしがみつく幼い吾《わ》が子を、橋の上から濁流に投げ棄てる。母親は橋の上につっ伏して、「ユルシテケロ」と川下に向って泣き、いつまでもずぶ濡《ぬ》れたまま放心したようになって動かなかった。東北の饑饉は想像を絶するものがあった】

（舟越保武《ふなこしやすたけ》著『石の音、石の影』筑摩書房、一九八五年刊）。

舟越保武氏は石彫刻を得意とする彫刻家だった。この著書に書かれている様子は、舟越氏の祖母の時代、明治の始めの頃だったと回想している。いわゆる「口べらし」の様子である。秋田県の隣の岩手県での話ではあるが、貧困に苦しむ東北地方の人の話を聞くたびに、私の心の中にいつもこの一節が浮かんでくる。

遠藤幸雄は小学4年生、9歳で母親を亡くし、その後、父親が蒸発した。父親は秋田市内で暮らしていたという説もあるが、多感な少年時代に肉親の愛情を享受できなかった遠藤が、強く、重い孤独感にさいなまれたことは容易に想像できる。その心の中にポッカリとできた空虚感を埋めてくれたのが、体操だった。もちろん才能もあったのだろう。しかし、その才能を真っすぐに育《はぐく》んだものは、周囲の心の温かさ、ぬくもりだったのだと思う。

感恩講の院長だった佐々木氏に、遠藤がこんなことを言ったことがあるという。

「感恩講にいた時代、自分を規制するものはなかったです。何でもやりたいことをやらせてもらいました。ありがたかったです」

人生のセーフティーネットであり続けた感恩講、そして地元の人たちの温かい心とありがたさを、当然ながら遠藤本人が誰よりも身に染みて感じていた。

高校体操部の同級生で生涯の友となった堀井氏が、懐かしそうにこんな話を思い出した。

「東京五輪の後、彼がウチにきました。ウチのおやじとおふくろの世話になったからと、獲得した金メダルを背広のポケットから取り出して見せてくれた。立派なビロードの箱からうやうやしく取り出して、自慢げに『どうぞ』と披露するのではなく、いかにもおじさんやおばさんに獲《と》らせてもらいましたよ、と言わんばかりに、カシャ、カシャと音をさせて、こたつの上に出したんですよ」

遠藤は後年、妻の保子《やすこ》にしみじみと、こう話したことがあったという。

「自分に父と母が普通にいて、普通の生活をしていたら、体操はやっていなかったと思う」

生き抜くための命綱のように体操を握り締め、どんな苦境に遭っても片時もそれを離さず、ひたすら高みを目指して、己を磨き続ける。遠藤の体操にはつまり、命そのものが凝縮されていた。己の魂が宿っていた。

私は一九九〇年に来日したチャスラフスカに初めてインタビューした時の、彼女の言葉を思い出した。「スポーツに、体操に最も必要なものは何だと考えますか」という私の問いに、彼女は明確に言った。

「魂です。体操は〝魂〟を必要とするスポーツなのです」

チャスラフスカは遠藤の体操を一目見て強く心を惹《ひ》かれたと言った。それは確かに、技術と美しさに魅了されたのだろう。その一方で、遠藤の演技の中に、もう一つ、何か言葉では言い表せない「魂の光」を感じ取っていたのではないだろうか。

2　オレンジちゃんと施設のダンス

チャスラフスカは自分の子供の頃を「もの凄く落ち着きがなく、親や近所の人たちが手を焼く子供だった」と振り返る。

そこで彼女が一九七一年に出版した『オリンピックへ血と汗の道』と、一九六五年に出版した『私は日本が忘れられない』（ベースボール・マガジン社）の2冊の自伝と、私の彼女へのインタビュー証言をもとに、チャスラフスカの生い立ちをたどってみたい。

遠藤とはまるで対照的に、少女時代から家族の愛情につつまれてすごした。一九三五年生まれのハナ、一九四〇年生まれのエバ、一九四二年生まれのベラの3姉妹の末娘で、さらに一九四五年に弟バシェックが生まれた。その弟と比べても、ベラの腕白ぶりは際立っていたという。

【父と母が映画に出かけるときには、いつもある老婦人が留守番にきましたが、このおばさんはきまってこういうのです。

「ハナとエバならおもりをします。だけどベラはごめんです。どうおっしゃっても私はごめんです」】（『私は日本が忘れられない』）

人一倍活発で、好奇心旺盛なベラは、常にちょろちょろと動き回り、少しでも目を離すと、何をしでかすか分からない子供で、近所の人たちからは「ヘビのシッポ」というあだ名を付けられていたという。

当時のチャスラフスカ家はプラハのナ・ポジーチー通りで高級食料品店を営み、一家は5階建てのアパートに住んでいた。

【ある日、姉のハナとエバが屋根裏にあがって、まき割りをしていました。母にかくれてやっていたので、私が見張り役として階段に坐《すわ》らされたのですが、姉たちはやがてまき割りにもあいたのか、屋根の上にはい上ることになりました。そのころ、私たちの住んでいるのは、普通の五階建てのアパートでしたが、姉たちは私にもう一度見張りを命じて、その五階建ての屋根の上に消えてゆきました。しかし、私もやがてひとりぼっちで退屈になってきました。（中略）下の通りをときどき見ながら、私は次第に姉たちに近づき、おそらく五軒分ぐらいの屋根を通ったころに、ようやく姉たちの足もとまでたどりつきました】（『私は日本が忘れられない』）

向かい側のアパートの住人が「幼児が屋根の上を歩いている」と消防署に通報し、周辺は大騒ぎになったという。なにしろベラはこの時、まだ3歳だった。

また『オリンピックへ血と汗の道』では、父が別のエピソードを紹介している。

【ベラがちょうど四歳の時、わたしは子どもたちと島の突端に行った。すると、ベラは自分の技を全部わたしに見てほしいといいだした。「フリック・フラック（後ろ向きとんぼ返り）」のことを「チック・ツァック」といって、わたしに何回やればいいかいってくれと、しつこくねだる。わたしが二十回というが早いか、うしろ向きにピョンピョンととびはじめた。（中略）いつまでもとび続けた。わたしは目を丸くするばかり。何回目だったか知らないが、「もういい。もういい」とわたしは叫んだ。（中略）川が迫っていたからだ。わたしは彼女を追って走りだしたが、時すでに遅く、フリック・フラックのまま水の中に落っこちた】

その後、父からは「フリック・フラック」を人の見ていないところでやってはならないと強く戒められたが、彼女はその言いつけを守らず、数日後に鎖骨を折って家に帰ってくることになったという。

私がチャスラフスカから直接聞いた子供時代の逸話も紹介したい。

「私の姉二人がバレエ教室に通い始めました。入門は6歳からという規則でしたが、私を一人家に残しておくわけにもいかないので、母は私も教室に連れて行くことにしました。教室ではいつも姉たちの真似をして体を動かしていました。その様子を見ていた先生から、レッスンの参加を特別に許されました。そして、何でもすぐにやってみせる私は、すぐに先生のお気に入りになったのです。当時、オレンジ色の水着を着ていたことから『オレンジちゃん』と呼ばれて、『オレンジちゃんお手本を見せて』『オレンジちゃんとてもいいわ』とほめられて、何かと目をかけられるようになりました。
そんなある日、私は教室のトイレで、子供たちの付き添いできた母親たちの会話を聞いたのです。『あのオレンジにはいらいらするわ』『先生はなぜオレンジにご執心なのかしら』。凄く悲しくなりました。家に帰ると、オレンジ色の水着をハサミでじょきじょきと細切れにして、戸棚の裏側に隠しました。そのうちにそれを母に発見されました。『誰がこんなことをしたの』とハナもエバも首を横に振りました。その隣で私は『ネズミがやったのよ。あっちにネズミが走っていったわ』と答えました。母が大嫌いだったネズミを犯人にしたてあげて、まんまと切り抜けたのです」（二〇一四年三月）
このバレエの先生はマルタ・アウプレフトバーという有名なダンサーで、さまざまな機会でダンスの公演を行った。その舞台に出演した3姉妹の出演料は、母の希望で慈善団体に寄付されたそうだ。その母がある日、ある施設での出演を約束してきたことがあった。「イェドリチェクーフ・ウースタフ」と呼ばれる、体の不自由な子供たちのための有名な施設だった。その時のことが自伝に書かれている。
【そこでわたしが踊った時の光景は決して忘れられない。看護婦さんたちがホールに病気の子を連れて来たが、そのほとんどはわたしと同年輩だった。その子たちの悲しげな眼や、ギプスや、松葉杖《まつばづえ》や義足を見るまでは、わたしはいつでも踊りだせる用意ができていた。隣の部屋からホールを見たとたんに、私は悲しくなってしまった。子どもたちの幾たりかは、生涯を車イスでおくらなければならない。わたしにはとても耐えられないこと。自分が健康で、とんだり、はねたり、ダンスを踊れるのに、この子たちはわたしの前ではなにもできない、と思うととつぜん胸が痛んだ。わたしにはそれが不正なことのように思われ、自分の健康な足が恥ずかしくなった】（『オリンピックへ血と汗の道』）

その直後、チャスラフスカは母に出演を取り消して欲しいと頼んだそうだが、婦長さんがやってきて「子供たちが待っています」と促され、やむなく演技を始めたという。不安は杞憂《きゆう》に終わった。子供たちは大喜びして、何度もアンコールを要求して、小さなチャスラフスカを帰してくれなかったという。

【イェドリチェク病院での百八十秒の演技は決して忘れはしない。（中略）わたしは本当に嬉しくなって、なん度もアンコールに応えた。わたしの演芸が役に立つのなら、死ぬまで踊ってもいい。この病気の子どもたちは、わたしがこれまでに出会ったなかで、一番よろこんでくれた観衆だった】（同）

その後、しばらくして病院から子供たちのサインが届いた。チャスラフスカの踊りを見た子供たちが、以前よりもリハビリの訓練に励んでいるという病院長からの手紙が添えられていたという。

「自分が演技することで、人を喜ばせることができる」。その時の体験が、後のチャスラフスカの体操の、どっしりとした礎になった。

7歳からはスケートを始めた。本人が懐かしそうに当時を振り返る。

「毎朝6時からスケートリンクが開いているのを知って通いつめました。プラハのジュニアスケート大会では優勝もしました。もし、いいコーチに出会っていたら、フィギュアスケートの選手になっていたのかもしれないですね」（二〇一四年三月）

一方、学校生活では、相変わらず、落ち着きのない子供として目をつけられていたという。

「学校からの連絡帳には『落ち着きがなく、注意力散漫』と『授業中のおしゃべりが多い』のどちらかが必ず書かれていました」（同）

再び、『オリンピックへ血と汗の道』からの一部抜粋。

【地理の時間に女の先生がカラクム砂漠の話をしている時、こんなに広大な砂漠を横切って肥沃な土地に出るまでには、時間が長くかかるから、スリル満点の探偵小説の結末を読んでしまうのも悪くないと思いついた。そこで目立たぬように坐り、机の下に本を広げると、もう別の世界に入っていた。ちょうど一番面白いところで、先生がもうだいぶ前から話すのをやめ、教室中の眼がわたしに注がれているのに、ふと気づいた。わたしは名前を呼ばれた。「何を答えればいいのかしら？」わたしは隣の子にすがるように、助けを乞うように目くばせする。その子がまた、いたずらなうえに意地悪だったので、こうささやいた。「何か歌うんだってよ」（中略）気をつけの姿勢で歌いはじめた】

14歳の時、チャスラフスカはある大きな転機に巡り合う。その頃は有名な振付師ボリス・ミレツの上級バレエ学校に通っていて、子供向けのテレビ番組の収録に参加した時に、チェコスロバキアで体操の女王と呼ばれていたエバ・ボサコワと出会った。リハーサルと本番の休憩時間に、母がボサコワに手作りケーキを勧めながら、娘に体操を教えてもらえないかと頼んだという。その結果、2週間に1度、ボサコワの元に通うことが許された。

ボサコワは一九五六年メルボルン五輪の女子体操種目別の平均台で銀メダルを獲得し、当時は国民的なスター選手として、練習や合宿、遠征の他、対談や座談会などでメディアにも出演するなど多忙を極めていた時期だった。チャスラフスカが体育館に出向くとよく紙が貼り出されていたという。「今日の練習はありません。合宿に出かけます。2週間後に」「座談会に出掛けます。2週間後に」。それでもチャスラフスカはめげなかった。一人で体育館に入れないかと知恵を絞った。管理人が難関だった。そこで、こっそり父の一番大切にしていた貴重なバッジを渡した。父がサッカーチームのゴールキーパーをしていた時のものだが、管理人がサッカーマニアであることをチャスラフスカは見抜いていた。その後、体育館の扉は常に開くことになったという。

「あの頃は一人で、大人の選手の真似をせっせとやっていました」

チャスラフスカの体操人生は成績だけを見ると、順調だった。

一九五七年四月、初めて出場したジュニアの地区選手権で2位に入った。同六月にはチェコ・ヤング・ジュニア選手権の少女の部で優勝。そして、同十一月には15歳で初めてチェコスロバキア選手権に出場。ジュニアではなく、一般女子の部で個人総合6位入賞を果たした。

チャスラフスカの日記をあらためて目で追うと、初めてボサコワの体育館を訪れたのが一九五七年三月十三日、その8カ月後の十一月二十二日にはチェコスロバキアで6番になったことになる。

3　葛藤と謙虚

チェコスロバキア国内で「15歳の新星チャスラフスカが、ボサコワを超える」という、新旧対決をあおるような内容の新聞記事が目につくようになった。それでもボサコワは決してチャスラフスカを遠ざけようとはしなかった。そして、チャスラフスカはまだ人間的にも未熟だったこの時代に、ボサコワが身近に接し続けてくれたことが、自分が人間として大きく成長する糧《かて》になったと、今も感謝している。

「トップ選手の練習がどういうものかを知ることができたのは貴重でした。エバさん（ボサコワ）の猛練習はすさまじいものでした。私自身、練習がどんなに辛《つら》く、苦しくても、くじけなくなりました。そして、技術や練習だけではなく、人間として成長することが重要だということも教わりました。例えば私はエバさんと会う前は、電車に乗る時は切符を買わずにこっそり乗っていました（チェコの鉄道には改札口がない。時々見回りがきて、切符を持っていないと運賃の10倍以上の罰金を科せられる）。私は素早かったので見回りが来る前に逃げていました。それ以外でも物事に抜け道があると、私は必ず抜け道を通る人間でした。エバさんは少しも狡猾《こうかつ》なところのない人でした。

今考えるとフェアプレーの精神は、エバさんから初めに教わったのではないかと思います。エバさんの練習を見ていて、目が覚めました。手を抜かず、コツコツ、真面目にやることがどんなに人生に大切か。努力をすることをエバさんから教わりました。

私は試合前にとても震えてしまうことがあったので、緊張しない方法を彼女に聞いたことがあります。そしたら『誰でもズボンの下はみんな生のお尻だ』と教えてくれました。怖い顔をした審判もみんな同じ人間じゃないの、という意味です。そう思うようになって恐怖心がだいぶ和らぐようになりました。だからエバさんには沢山の恩を感じていて、彼女を傷つけたくないという気持ちが強かった。もちろん、１００％ではありませんでしたが、私の時代がやってくるという可能性は感じていました。でも、それはエバさんが引退してからでいいと思っていました」（二〇一四年三月）

選手である以上、トップに立ちたいという気持ちは当然ある。でも、そのために尊敬する偉大な先輩であり、人生の恩人を打ち負かしてしまっていいのか。チャスラフスカは葛藤したという。そして、「私は2番でいい」と自分に言い聞かせ、試合でもボサコワより上位にいくことを意図的に避けるようにした。ボサコワのコーチに「最高難度の技がもっとできるのに、なぜ演技構成に入れないのか」と言われた時も、あいまいな返事をしただけだった。

その考えが大きく変わる出来事があった。一九五九年、一九六〇年と2度続けてチャスラフスカの同僚ドルフィナ・タチョワが全国選手権を制覇した。いずれもボサコワ2位、チャスラフスカ3位。この結果がチャスラフスカの心に火をつけたという。当時の心境をこう振り返る。

「私はエバさんの上をいくことは望まなかったのですが、私以外の選手がエバさんの上にいくことは許せませんでした。エバさんがもし誰かに抜かれるとしたら、それはエバさんの教えを受けた私でなければならないと思っていたのです。エバさんがトップに立つ力がなくなった時は、彼女の精神を受け継ぐものが彼女の場所に立つべきだと考えていました。それが逆に私を指導してくれたエバさんの誇りにもなるし、恩返しにもなる

と考えました」（二〇一四年三月）

一九六一年に東ドイツのライプチヒで行われた欧州選手権の個人総合でチャスラフスカは3位に入り、表彰台に立つ（1、2位はともにソ連の選手）。ボサコワは10位に終わった。そして、一九六二年、プラハの世界選手権で個人総合でソ連の第一人者ラチニナに次いで2位に入り、ついに世界の頂点を視界にしっかりととらえた。種目別では跳馬で優勝し、徒手（床）でも3位に入った。そして、チャスラフスカの成長を見届けるように、平均台を制したボサコワはこの大会での引退を表明した。

大会後に開かれたボサコワの引退パーティーに参加した、日本女子代表の相原俊子は、この時のチャスラフスカの様子を今でもよく覚えていた。

「ベラさんは会場の隅っこに座っていました。『あら、試合であんなに活躍したのだから、あなたはもっと真ん中に行かなきゃだめじゃないの』と言ったら、『いいえ、いいの』と。まるでパーティーの主役は私ではないという感じで、先輩のボサコワさんを立てて、自分は前に行こうとしない。何て謙虚な人なんだろうと思いました。凄く感心してベラさんをますます好きになって、二人で隅っこにずっといたんです」

相原俊子が心を打たれて共感したように、師であり先輩でもあるボサコワへのチャスラフスカの態度は、日本人のメンタリティーとピタリと重なる。私はスポーツの現場を取材するようになって30年以上たつが、外国人選手は日本人選手よりも、はるかに自己表現が豊かで、自己顕示欲が強いという印象を持っていた。それがまた、強さの原動力でもあるとも思っていた。正直言って五輪を2連覇するほどのチャスラフスカのことも、そうだと思っていた。しかし、彼女のメンタリティーはそうではなかった。

恩人を超えることへのためらい、後継者としての誇り、そして引退パーティーでの振る舞い。その礼節と謙虚な心は、日本の武道家にも近いと感じた。その思いをチャスラフスカに直接ぶつけてみると、彼女は実にあっさりとこう答えた。

「それは全世界共通の意識だと思います。どこの国にも自分を強く出そうとする人はいるし、一歩下がる人もいます。私は自分の先生でもあるエバさんを尊敬してきましたから」（二〇一四年三月）

一方で偉大な先輩で尊敬する恩師だからといって、すべてを受け入れてきたわけでもなかったという。ここがチャスラフスカの選手として最も特筆すべき点なのかもしれない。一緒にいることで長所とともに短所も冷静に見つめ、吸収すべきものだけを、自分の中でしっかりと見極めて選別していたという。

「もちろんすべてをコピーしてきたわけではありません。正反対だったこともあります。例えばエバさんは試合前は控室にこもっていました。直前にコーチに呼ばれて、演技に向かいます。私は大会の開始からずっと会場にいます。その日の会場の雰囲気を体に染み込ませ、観客や他の選手を見てから、自分がその日、どう演技すべきかを考えるタイプでした。そして、私もだんだん分かってきたのですが、エバさんにも弱いところがありました。試合前に近くで見た時に、顔にポツポツと赤い発疹《ほっしん》が出ていました。彼女がいかに精神的に追い込まれて緊張しているかが明らかに分かりました。つまり試合前から心が裸になっている感じで、それは私にとってはとても怖いことでした。私は決して心を裸にしてはいけないと思ったのです。特にスポーツ選手は心の中を表面に出してはいけないと思っていました。戦いの前に鎧《よろい》やカブトを脱ぐようなものです。だから私は人前では泣かなかった。表彰式でも一度も涙を流したことはないのです」（二〇一四年三月）

このコメントにはチャスラフスカのトップ選手としての、洞察力の鋭さと自分への自信がにじみ出ているようにも感じた。ボサコワを尊敬し、仰ぎ見ながらも、常に「世界でトップに立つには」という視点から、「自分はどうすべきか」という分析も忘れていなかった。時としてボサコワの振る舞いを、その判断材料にもしていた。

話を巻き戻したい。

一九六〇年六月、地元プラハで国際大会が開催され、欧州のトップクラスの選手が参加した。ソ連はアスタホワ、リュヒナ、マニノワ、イワノワ、ムラトワの最強メンバーで大会に臨んできた。チェコスロバキアでは自国に勝ち目はないと予想されていたが、その前評判を覆したのが、チャスラフスカだった。結果は1位チャスラフスカ、2位アスタホワ、3位リュヒナ。

この国際大会のチャスラフスカは絶好調で、初めて王者に君臨するソ連勢の上位に立つ。「ソ連の覇権を崩したい。女子体操界の流れを変えたい」という熱い情熱が初めて生まれてきたという。

それから1年10カ月後の一九六二年四月、チェコスロバキア、ソ連、東ドイツの3カ国対抗試合で、チャスラフスカは再びアスタホワを抑えて優勝した。2週間後に開催されたチェコスロバキア、ソ連、中国、ポーランド、東ドイツ、ハンガリーの6カ国対抗戦でも優勝を飾っている。

当時の心境を『オリンピックへ血と汗の道』でこう語っている。

【この大会に出る前までは、わたしが参加すること自体、まったくのナンセンスに思えた。優勝できるかもしれないと考えるなんて、どうみても狂気のさただった。わたしについている審判は、チェコスロバキア人のシンドレロバ女史ただひとりで、ソ連選手には八人もついていた。各種目に二人ずつ。自分が優勝するなんて、奇跡がどうして起きたのか今もってわからない。マンモスにたちむかう大胆不敵な蟻《あり》のような気持ちだった】

一九六二年五月十一日、ブラチスラバでのチェコスロバキア選手権で初めて個人総合を制した。種目別でも先輩のボサコワが優勝した平均台をのぞく、すべての種目で優勝した。

同年七月五日に地元プラハで開催された世界選手権でも、チャスラフスカはまだ金メダル最有力候補には挙げられていなかった。メディアは優勝有力候補にソ連のラチニナとアスタホワの名前を挙げ、チャスラフスカは、ソ連のホープのピェルブシナ、東ドイツのシュタルケとフェストらとともにダークホースという見方をされていた。

4種目の規定演技を終えた時点で1位ラチニナ38・598、2位チャスラフスカ38・333、3位ピェルブシナ38・199。

首位ラチニナとは0・265差。チャスラフスカのコーチは、自由演技では跳馬でラチニナを0・1~0・2上回る可能性はあるが、段違い平行棒と平均台では差をつけるのは難しいと分析した。

翌日の自由演技はソ連が昼の部でチェコスロバキアは夜の部になった。ソ連の演技を視察したコーチが「ラチニナの得点が高く、とても逆転できない」とがっかりして宿舎に戻ってきた。その夜、チャスラフスカが会場に到着すると演技を終えたラチニナが、余裕の表情を浮かべながらゆったりと観客席に座っていた。チャスラフスカは闘志をかきたてられたが、演技ではいくつかのミスが出た。

最終結果は1位ラチニナ78・030、2位チャスラフスカ77・732、3位ピェルブシナ77・465。

チャスラフスカは跳馬で1位、個人総合で2位、床運動と団体で3位となった。個人的には五輪と世界選手権の二つの世界大会で過去最高の成績だったが、ラチニナは団体、個人総合、床運動で1位、平均台で2位、段違い平行棒で3位と、全種目でメダルを獲得するという快挙で、五輪（ローマ）と世界選手権でともに全種目でメダルを獲得した史上初の選手になった。チャスラフスカは女王に0・298差以上の、「差」をつきつけられた。


一九六三年十月、チャスラフスカは東京で開催されたプレオリンピック大会、国際スポーツ競技会に出場した。

十月十三日に東京体育館で行われた体操女子の規定で、採点の解釈をめぐってソ連が抗議し、競技が45分間も中断した。協議の結果、一度は発表されたソ連の得点が取り消され、加点されることに決まった。この裁定にすでに演技を終え、それにより抗議権を逸していたチェコスロバキアの選手たちが「公平性に欠ける」と強く抗議。一時は今後の競技への不参加を表明する騒ぎに発展した。

翌十四日付の読売新聞は厳しい表情で訴えるチャスラフスカの写真付きで、騒動の顚《てん》末《まつ》を報じた。

【午前中の私の演技に対する採点はソ連の選手より辛かった。徒手（床）でも私はミスは少なく、ラチニナよりよかったと思う】というチャスラフスカのコメントも掲載している。

まさに東京五輪の前哨戦《ぜんしょうせん》という位置付けで、本番を見据えて各国とも真剣で、試合は白熱した。女子個人総合はソ連のラチニナが制し、2位もソ連のムラトワが入り、チャスラフスカはここでも優勝を逃して3位にとどまった。種目別では跳馬と段違い平行棒で優勝し、徒手でも2位に入ったが、個人総合の1位と3位の得点差は0・732点と明確な差をつけられた。

この世界中の強豪が集ったプレオリンピックで、チャスラフスカは1年後の東京五輪を見据えて、日本の観客を自分に引き付ける、ある作戦を考えた。跳馬の演技の直前に、踏み切り板を他の選手の倍以上も跳馬から離したのだ。

「跳馬と踏み切り板の距離はみんなほぼ同じでした。でも私が跳ぶ直前になるとコーチがこれみよがしに踏み切り板をそれまでの2倍以上も後方に下げたのです。最初にそれを見た日本の観客は笑い出しました。冗談だと思ったのでしょう。そんな距離を跳べるはずがないと。私が走り出すと会場は静まり返りました。空気が一変したのです。会場全体が私の動きだけに集中したようでした。そして、完璧に跳ぶと、本当に会場が爆発したような大歓声に包まれたのです。この時、私は日本の選手だけでなく、日本の観客とも特別な関係を築けたと思いました。日本の観客も私のものだと。

余談ですがなぜ私がそんなに脚力があったのかお話ししましょう。私は子供の頃エレベーターのないアパートの4階に住んでいました。そこで幼い頃から毎日、地下倉庫から4階まで重い石炭が入ったバケツを両手に下げて階段を上がっていたのです。それが本当に素晴らしい足腰の強化になったのです」（二〇一四年三月）

プレオリンピックの成績はチャスラフスカにとって決して悪いものではなかった。しかし、五輪前哨戦で個人総合1位を目指していた本人にとっては、満足できる結果ではなかった。疲労感と何ともいえない徒労感が残ったという。1年後の東京五輪で勝てるのか……。そのぼんやりとした焦燥感を癒《いや》してくれたのが、日本選手たちの体操に取り組む姿だったという。

【いつも一緒に準備運動をしてくれた人たち。彼らを見ていると内面の喜びとともに演技をしていたのではないかと思いました。日本の古い独特の文化や精神が表れている気がしました。試合前に試合を意識していても、楽しそうで率直でした。東京五輪を1年後に控えていても、日本人は少しも変わらず、私に自分たちの芸術を分けてくれたのです。その姿は誰かが自分たちより上に行くことを恐れてはいない。日本人は一番でいることだけが大事なことではなかったからだろうと思いました】（パヴェル・コサチーク著『ヴェラ・チャースラフスカ―オリンポス山（オリンピック）の人生』（未訳）。原著は、Pavel Kosatík, *Věra Čáslavská: Život na Olympu*, Mladá Fronta, 2012。以下、『オリンポス山の人生』）

第3章　二つの五輪

1　一九六四年東京──約束と熱狂

一九六四年、ついに東京五輪の年を迎えた。体操日本男子は一九六〇年ローマ五輪、一九六二年プラハ世界選手権と団体で2連勝中で、地元開催の五輪では「金メダル最有力競技」、さらに種目別も含めて「複数金メダル有力競技」として国民から期待されていた。

もっとも王国復活を期すライバルのソ連も、持ち味の力強くダイナミックな演技にさらに磨きをかけ、技のレベルも上げてくることが予想されていた。そこで日本男子チームは金メダルをより確実にするため、ある秘策を準備していた。

それが秘密兵器の「ウルトラC」だった。

ソ連などのライバル国に漏れないように、五輪代表選手たちが秘密裏に取り組んできた新技だった。

当時、体操の技の難度はA、B、Cの3ランクに分けられていた。最も難しい技がCだった。日本の選手たちはそのCランクの技に、ひねりや旋回などを取り入れた、さらなる離れ技に取り組んでいたのだ。その技はCの上に超が付く難しさという意味でウルトラCと名付けられた。

その秘密兵器がベールを脱いだのは一九六四年三月二十九日、高知体育館で行われた演技発表会だった。東京五輪開幕まで半年に迫り、たとえライバル国に流出しても、五輪までに習得することは不可能という確信があった。当時の共同通信の記事がこう伝えている。

【世界一流の技術を〝密輸出〟されないように、報道陣にもその実体を隠したまま秘密練習を続けてきた体操の東京オリンピック男子候補選手が、二九日、高知で演技発表会を開き、初めてその手の内を公開した。東京オリンピックで日本選手団中一番多くの金メダルを取ろうという男子体操の最大の原動力は「ウルトラC」という奇妙な名前の新兵器である。公開された「ウルトラC」とは、いったいなんなのか。秘密のベールを脱いだその本体を探ってみた】

この演技会では複数の種目で複数の選手がウルトラCを公開した。鶴見修治は鉄棒で『大伸身とび越し一回ひねり』（通称『キリモミおり』）を初公開、山下治広はすでに世界に広がっていた跳馬の山下跳びに一回ひねりを加えた『新山下跳び』を披露した。実際に山下はこの新山下跳びで東京五輪の種目別跳馬で金メダルを獲得することになる。三栗崇もあん馬で『プロペラ旋回』を演じてみせた。

　このウルトラCという呼び名は、東京五輪で体操競技を実況したNHKの鈴《すず》木《き》文弥《ぶんや》アナウンサーが、テレビで連呼したことで日本中に広まり、流行語にもなった。このウルトラCを公式に発表した東京五輪競技本部長の金子明友氏は当時をこう振り返る。

「別に新語を生んだわけではない。すでに欧州などではCの上という意味でウルトラCと呼んでいたのです。ただ日本人にとっては妙に耳新しくて、新鮮に感じられて、NHKのアナウンサーが連呼したこともあって流行したのです」

　このウルトラCという呼び名には後日談がある。東京五輪翌年、円谷《つぶらや》プロダクションが企画制作していた特撮テレビ番組のタイトルが、流行語となったウルトラCをもじって『ウルトラQ』に決まったのだ。「超難解な謎《クエスチョン》」という意味が込められていたという。一九六六年一月二日にTBS系列で放送スタートした『ウルトラQ』は、約半年間の放送で30％前後の平均視聴率を記録。この『ウルトラQ』が、その後、日本中で大ヒットする『ウルトラマン』シリーズへとつながっていくことになる。

　一九六四年東京五輪、大会9日目の十月十八日、日本男子は最高のスタートを切った。

午前8時に始まった規定演技の最初の種目つり輪で、遠藤幸雄が出場選手で最高の9・80をたたき出した。男子は徒手（床）、あん馬、つり輪、跳馬、平行棒、鉄棒の6種目で、それぞれ規定と自由の合計12演技で争われる。遠藤は夜に行われた後半の規定演技も好調で、規定6種目を終えて個人の合計点で争う個人総合で、2位鶴見に0・50差をつけてトップに立った。出場メンバーの合計点で競う団体でも日本はソ連を1・45点差と引き離した。遠藤も日本チームも余裕のトップ通過で大会11日目の自由演技を迎えた。

　大会前から遠藤は金メダルの最有力候補に挙げられていた。そして最初の規定演技で予想通りトップに立ったことで、日本体操史上初の個人総合優勝が一気に現実味を帯びていた。前回の一九六〇年ローマ五輪では小野喬が1位シャハリン（ソ連）に0・05の僅差で涙をのみ、遠藤自身も一九六二年のプラハの世界選手権でチトフ（ソ連）に0・15点差で2位にとどまっていた。個人総合の金メダルは日本の悲願でもあった。そんな周囲の過度の期待と、地元開催の五輪という想像を超えた重圧が、遠藤の緻密《ちみつ》な体操を最後に狂わせたのかもしれない。

　十月二十日、遠藤は最初のつり輪で9・70の高得点を出して、自由演技も好スタートを切った。続く跳馬は9・65で平行棒は9・75と前半を終えて、2日前の規定演技の好調を維持しているように見えた。夜の後半は最初の鉄棒で、『大伸身とび越し一回ひねり』の〝ウルトラC〟を持っていたが、あえて冒険をやめて9・70で無難にまとめた。床でも確実な演技で9・75の高得点を出した。規定と自由の全12種目中11種目を終えて、2番手で追い掛けるシャハリンに0・95の大差をつけていた。この差は演技を中断したり、大きく転倒したりしない限り、逆転されることはまずない。そんな状況で遠藤は最終種目のあん馬で大きなミスを犯してしまった。

金メダルを意識して硬くなったのか、演技後半の旋回でバランスを崩し、そのまま馬の上で尻もちをついてしまったのだ。すぐに演技を再開したが、冷静な遠藤の心身のバランスは明らかに乱れていた。終了直前には馬の背にもたれる大きなミスを再び犯す。演技前に期待の熱気で充満していた会場は静まり返り、重苦しいため息がもれた。

最後の演技を終えた遠藤の顔は青白く、こわばったままだった。最終種目での優勝の行方を左右するミスに、審判団も慎重を期した。ユーゴのイワンチェビッチ主審は他の4人の審判を集めて、ミスの減点について協議に入った。最後の床の演技を控えていたソ連のミサコフ・コーチまで飛び出してきた。異様な空気が会場全体に流れていた。誰もがどこか心がざわついていた。それは2位につけていたシャハリンも同じだったのだろう。遠藤のミスを見届けてから床の演技を始めたが、精彩を欠いて得点は9・50にとどまった。

採点が出るまで約10分間も要した。会場がざわめいた。そして、ついに9・10点と発表された。この瞬間、2位で並んでいたシャハリンとリシツキー（ソ連）、鶴見の3人に0・55点差をつけて、日本初の個人総合の金メダリストが誕生した。重い空気に包まれていた会場は、一気に沸き返った。

しかし、この後にソ連の団長から裁定審判委員会にあらためて抗議が出された。一九六四年十月二十一日付の読売新聞が次のように詳細を報じている。

【体操男子自由種目終了後、ソ連のアルヒホフ団長から裁定審判委員会に『日本の遠藤選手のあん馬演技にはB級（中級離技）が二つしかなかったので、9・10では高すぎるのではないか』との抗議が出された。ただちに委員会が開かれ、あん馬の審判員（主審一、審判四）から事情を聴取したが、その結果、ミスは大きなものが二つ、小さなものが一つあり、大きなものに対しては各0・30。小さなものには0・10引いた。また着地に元気がなく0・10を引いた。その他には指摘されるようなところはない。判定は正しいと決まった。イワンチェビッチ主審は『4人の審判が9・20、9・20、9・20、9・30をつけてきたので、自分としてはもう0・10引いた方がよいと説得して9・10にしたくらいだ』と説明、ソ連の抗議は聞くだけにとどめ、判定はそのままということになった】

合計点を計算すると、遠藤は最終種目で8・6点以上を出していれば優勝していたことが分かった。最後に大きなミスを繰り返しても、それまでの11種目で積み上げた貯金がなくなることはなかった。

試合後の会見で遠藤はこうコメントしている。

【ほんとうに勝ててよかった。団体で勝てねば、〝体操日本〟の名もない。そういう意味から僕自身、まず、チームワークの中で団体優勝だけを考えて取り組んだ。とくに、先輩小野さんが肩の痛みを涙を流しながらこらえ、最後までやり抜かれたことは無形の戦力だった。個人総合優勝もうれしい。ソ連は負けることのくやしさをじかに感じたことだろう。最後に体操にはどこに穴がひそんでいるかわからない。貯金はできるときにしておくものだと痛感した】（一九六四年十月二十一日付、読売新聞）

余談になるが、この〝貯金はできるときにしておくもの〟という談話に反応したある銀行から、五輪後、遠藤にCM出演の依頼が舞い込んだ。当時の厳格なアマチュア規定により、立ち消えになったのだが……。

一方、「東京で一緒に金メダルを」と誓い合っていたチャスラフスカは、選手席から遠藤の試合を見ていた。当時の演技についてこう振り返る。

「あん馬の最後にミスが出て判定が出るまでに時間がかかったので、お客さんは心配していたようですが、私は大丈夫だと思っていました。ミスが出ないに越したことはないのですが、ミスを恐れる演技はどこか物足りないものになります。エンドーはミス以外は素晴らしい出来でした。完璧だと言っていいくらいに完成度が高かった。50年たった今でも忘れがたいくらいの完成度でしたよ。エンドーの体操は十分に評価していいはずです。もし、あれでクレームを付ける記者さんがいたら、それは目が悪いとしかいえません（笑い）。エンドーは私との約束を守ったのです。エンドーの演技を見て、私も怖がらずにやり抜こうと、あらためて勇気をもらったんです」（二〇一四年三月）

東京五輪の女子体操の最大の見どころは、一九五六年メルボルン五輪、一九五八年モスクワ世界選手権、一九六〇年ローマ五輪、一九六二年プラハ世界選手権の世界大会で個人総合4連覇中のソ連の女王ラチニナが五輪3連覇を達成するのか、それとも成長著しいチャスラフスカが初優勝して新旧交代を成し遂げるのか。開催国の日本はもちろん世界中が、その一騎打ちに注目した。

当時、29歳のラチニナに対して、チャスラフスカは22歳。何ものをも恐れないというような若さと勢いがあった。ラチニナに次ぐ2位に入った2年前のプラハ世界選手権では女王に0・298差まで肉迫していた。力は拮抗《きっこう》しているが、タイプは異なる。中村多仁子の言葉を引用すれば、ラチニナは「人の胸を射るような完成された演技」で、チャスラフスカは「人を包み込むような柔らかい演技」。予想も真っ二つに割れた。

十月十九日の規定演技4種目の合計でチャスラフスカが首位に立った。2番手は同点でソ連のラチニナとアスタホワが並んだ。

チャスラフスカ38・432、ラチニナ38・199、アスタホワ38・199。1位と2位の得点差はわずか0・233。2日後の自由演技でチャスラフスカがリードを維持できるのか、それとも経験豊富なソ連のベテラン二人が逆転するのか。十月二十一日の自由演技はチェコスロバキアが昼の部に、ロシアが夜の部になった。

自由演技の最初の平均台で、チャスラフスカはウルトラCと呼ばれる最高難度の技を持っていた。『膝立てターン』と呼ばれる右膝を支点にして幅10㎝の平均台の上を360度回転するという技だ。しかし、この技の成功率は決して高くはなかった。自由演技を控えて、挑戦すべきか、安全な技に替えるか葛藤したという。

【どうしてこんなバカらしい技を考え出したのかしら！　ひざ立てターン。膝に指でもあれば別だけど。（中略）回転だけはどうしてもやらなくては！　他に道はない！　日本の人たちは今、じりじりしながらこの技を待っている。もしもやらなかったら、さぞがっかりすることだろう。なんだ臆病者！　といわれるだけ】（『オリンピックへ血と汗の道』）

得点は9・80。

これで自信と勢いがついた。床運動も持ち技の『前方宙返り360度ひねり』を決めて9・766。跳馬も山下跳びを自分流にアレンジした『ヴェルカ』を成功させて9・80。そして段違い平行棒ではウルトラC難度の離れ技『上棒のフルターンから下棒への移動』を成功させて9・766。規定と自由演技の合計77・564の高得点をマークした。

この点数を夜の部に出場するラチニナが上回るには、4種目で平均9・841を超えなければならない。それは現実的には不可能といえた。チャスラフスカは自分の演技を終えた時点で、ほぼ優勝を手中にした。若きライバルの予想以上の高得点に圧倒されたのか、ラチニナの演技に冴えはなく、合計76・998で2位。

一九六四年十月二十一日、女子体操界に新女王が誕生した。

チャスラフスカはその後の種目別でも平均台と跳馬で優勝し、合計三つの金メダルを獲得した。ソ連勢は床運動をラチニナ、段違い平行棒をアスタホワが制し、辛うじて一矢を報いた。

当時、チャスラフスカとラチニナは宿命のライバルとしてメディアに取り上げられている。もちろん二人もお互いの存在を強く意識していたし、ライバル心もあった。しかし、チャスラフスカは当時の心境をこう振り返る。

「ラチニナ選手に勝ちたいと願う思いは強いものでしたが、個人的な恨みはなかったんです。むしろ彼女の体操選手としての技量には敬意を払っていました。素晴らしい完璧な選手だったという思いは今も変わっていません」（二〇一四年三月）

その思いはラチニナも同じだったようで、チャスラフスカの自伝『オリンピックへ血と汗の道』に、ラチニナ本人が「追い越されて悔いなし」という一文を寄稿している。

【わたしはベラ・チャスラフスカに大変ひかれます。まず、私より強いということで。これは逆説的に聞こえるかも知れませんが、自分の専門を名人芸の域にまで高めるということは、スポーツマンたる者がそのライバルに一目おくものの一つなのです。（中略）この数年間に、大きな国際試合でベラと対戦する機会がなん度かありました。結果はさまざまで、はじめのうちはわたしが勝っていましたが、そのうちに彼女が勝つようになりました。（中略）ベラは、たぐい稀《まれ》なる勇気と不撓不屈《ふとうふくつ》の精神の持ち主だといえましょう。でもまずわたしの眼にうつるのは、彼女の才能、血のにじむような練習、それに創造力です。（中略）ベラは体操競技に、早いテンポと、肉体的にむずかしいアクロバット的な技をとり入れました。よく冒険をし、こわがりません。（中略）チャスラフスカ選手がやったことは、体操にとって欠くべからざるもので、その発展をうながすものだからです】

ラチニナもチャスラフスカに競技者として敬意を表していた。一方でソ連の後輩でもあるナターシャ・クチンスカヤが、自分の後にチャスラフスカのライバルになり、さらにチャスラフスカの後継者になるだろうと予測していた。クチンスカヤには、チャスラフスカと同じような特徴が多く見られると指摘をしていた。

東京五輪の2年後の一九六六年、西ドイツのドルトムントで開催された世界選手権でチェコスロバキアは団体総合でもソ連を破り、世界の頂点に立つ。個人総合優勝は24歳のチャスラフスカ。そして、2位に17歳の新星、クチンスカヤが食い込んだ。2年後のメキシコ五輪では、王座から陥落したソ連の激しい巻き返しが予想された。

東京五輪は20競技163種目で争われ、日本選手だけではなく、陸上男子100mを制したボブ・ヘイズ（米国）、柔道無差別級で優勝したアントン・ヘーシンク（オランダ）、マラソンで圧勝したアベベ・ビキラ（エチオピア）ら、圧倒的な強さを見せつけた世界のスター選手たちも、日本国民を熱狂させ、注目を集めた。その中でもチャスラフスカの存在感は特別だった。その若さと強さとともに、映画女優のような美貌と演技力を兼ね備えていたからだ。圧倒的な人気者として「東京の名花」「東京の恋人」と呼ばれ、大会期間中はどこに行っても人の山に囲まれた。

なぜ、それほどチャスラフスカは人気があったのか。日本人はチャスラフスカのどこにひかれたのか。彼女と交流があり、当時、23歳だった元日本テレビアナウンサーの徳光和夫氏はこう分析する。

「まず映画女優のエリザベス・テーラー、オードリー・ヘップバーン、カトリーヌ・ドヌーブに匹敵する美貌でした。しかも、ベラはレオタード姿で惜しげもなく大胆な演技をして、ハラハラさせた。だからこそ日本中が魅了されたんだと思います」

東京五輪当時、出身地の富山県内で小学1年生だったという、筑波大学体育系の菊幸《きくこう》一《いち》教授もこう振り返る。

「まだどの家にもテレビがあった時代ではありません。テレビのある家に近所の人たちが集まって五輪を見ていたわけですが、ふだんはそんな様子を見せない大人たちが、チャスラフスカの演技を見ながら『きれいだね』『やっぱり違うね』とため息をもらすわけです。僕はまだ子供でしたけど、『確かに美しいなあ』と一緒にいい心地に酔いしれたものです」

早稲田大学理事の宮内孝知《みやうちたかのり》氏は当時、早大1年で五輪期間中に国立競技場の売店でアルバイトをしていて、チャスラフスカを直接目撃していた。

「誰かのお供で東京体育館に行ったら、チャスラフスカがストレッチをしていた。悪いと思ってチラリと見ただけでしたが、輝くようにきれいだと思いました、周囲にいる他の選手がかすんでいました。大人の女性という感じでした。豊満で、日本中が圧倒されましたね。多分、日本人がテレビの中で外国人の大人の女性をじーっと見つめた最初の人だったのだと思いますね」

映画女優のような金髪の美女がレオタード姿で登場し、離れ技を次々と決めて金メダルを獲得する。その映像は確かに衝撃的だった。東京五輪に合わせて全国に普及しつつあったテレビを通じて、日本列島が熱狂した。ただ、チャスラフスカの人気の理由は、そんな表面的なものだけが要因でもなさそうだ。彼女の演技力そのものにも、人々を引き付ける大きな要素があったという。中村多仁子はチャスラフスカの演技の特徴をライバルだったラチニナと比較して、こう分析した。

「ラチニナも群を抜いて上手い選手でした。人の胸に矢を射るような演技でうならせる。でも観客は矢を射られると、その上手さに後ずさりしてしまう。一方、ベラは『どうぞ、いらっしゃい』と人を包み込む演技をする。観客もその気になって、もっと見たいと身を乗り出す感じ。完全に異なるタイプでした。日本人はベラの演技に魅了されただけでなく、心地よくなったんだと思います」

男子代表だった鶴見修治もチャスラフスカの演技をよく覚えている。

「こんなにも人気があるのかと思うくらい人気があった。僕の友人の子供が『おじちゃんサインもらってきて』と熱心に言うから、同じ選手なのに色紙を持っていきました(笑い)。もちろん喜んでサインしてくれたけど。つくづく思うけど選手には二通りいて、観客そのものを最初から味方につけてしまう人と、そうならない人がいる。前者がちょっとミスをしても、観客は『気にするな、頑張れ』という感じで、選手もその声援を力にできる。だけど後者は『何だあ、ミスしちゃって』とそっぽを向かれる。観客を味方にできるかできないかで、その場の雰囲気や演技がまるで違ってしまうんです。ベラはまさしく前者で、観客の気持ちを一人ずつつかんでしまうような選手でした。とにかく会場中が一つになってベラを応援していた。前者の例はフィギュアスケートでいえば、札幌五輪のジャネット・リン（米国）、最近では浅田真央《あさだまお》選手がそうですね」

確かにチャスラフスカの演技は体操という枠を超えた、まるで舞台女優のような豊かな表現力と感情を込めた動きで観客を魅了した。なぜそんな演技ができたのだろうか。私はこのことを本人に直接聞いてみたいと思った。二〇一四年三月、東京五輪の写真をプラハに持参して、彼女に見せながら、当時の演技を振り返ってもらった。

「私は平均台や床で演技する時は、心を開いて感情を豊かにするように心掛けていました。そうやって観客とコミュニケーションを取るのです。そこで十分に心情を出し尽くしていたので、表彰式では涙や歓喜のジャンプなどいらないと思っていたのです。実はあなたにもらった東京五輪当時の私の写真を見ていて、初めて気付いたことがあります。一緒に写真を見ていた友人がこう言うのです。『これは極めて珍しい、滑稽な写真だ』

と。確かに体は完璧に演技をしていて、強い力で溢れているのに、顔の表情は凄く柔らかいのです。当時はそこまでの演技ができているとは思っていなかったのです」

チャスラフスカは当時の写真の1枚に目をとめ、じっと見つめていた。演技の最中は何を感じ、何を考えていたのだろうか。

「現役時代はいつも観客を見ていて、自分自身を振り返ることはしませんでした。今になって記録番組や写真を見るようになりました。それを見ていると、私というよりも、人間の可能性や素晴らしさを感じます。目は心の窓という言葉があります。確かに表情には心が見えますが、私の場合は演技の時に体と心は別もので、つながっていないように感じました。体のテンションは高かったのですが、顔のテンションも高いと観客は怖いですよ。逆に体が柔らかすぎると、それはスポーツではないでしょう。顔は心を開いているけれど、体は兵士のようにスキがなく厳しいテンションでなくてはならない。あらためてこの東京五輪の写真を見て、今、良かったと思いました。そんな才能は神様から与えられていたとしか思えないのです。50年を経て、初めて気付きました」

東京五輪でのチャスラフスカの迫真の演技は、本人の想像も超えた、まさに神の域に達していたということか。男性だけでなく、女性や子供までも、日本中が彼女のとりこになった理由が、ようやく理解できた気がした。

2　落下と日本刀

その瞬間、東京五輪の体操会場の東京体育館は、悲鳴が響き、続いて大きなため息につつまれた。

一九六四年十月二十二日、団体戦の各種目上位6人によって争われる種目別決勝。満員の観客は、日本選手の活躍とともに、前日、ラチニナの3連覇を阻止して女子個人総合を制した、チャスラフスカの完璧で美しい演技を、楽しみにしていた。

その新女王が大本命と言われた段違い平行棒で、信じられないミスを犯した。演技中盤、スピードに乗って上のバーでターンして下のバーへ飛び移る大技で、水平に全身を回転させた瞬間、バーをつかみ損ねて落下したのだ。

そのシーンを至近距離の選手席から見ていた中村多仁子は、自分の体までこわばったという。

「ベラもこんな失敗をしてしまうのかと驚きました。でも、その直後に私はもう一度、もっと驚いたんです」

演技を再開したチャスラフスカが、再び失敗した大技にチャレンジしたからだ。

「普通落下してしまったら、失敗した技の次から演技を再開します。ところがベラは違っていたんです。まるでVTRをリセットするように、失敗した大技に再びチャレンジして成功させたんです。その彼女の自信とプライドに、畏敬の念を抱きました」

失敗した技を直後に再びトライすれば、また失敗する可能性もある。それが難度の高い大技であればなおさらだろう。しかも、落下した時点で金メダルの可能性が消えてしまったのだ。再挑戦して成功させても、失敗が取り消されることもない。当然、演技に対する集中力は薄れる。

しかし、チャスラフスカは、少しも心を乱すことなく、緊張感を切らすこともなく、失敗した離れ技を平然と、そして完璧にこなしてみせた。最後のフィニッシュも決めてピタリと着地。満面の笑みで観客に手を振った。

静まり返っていた会場が、今度は大歓声と拍手につつまれた。採点は8・70で5位。演技そのものというよりも、新女王の心意気と、気高い精神に、会場を埋めた観客の心が揺さぶられたのだ。大きな失敗をしてなお、チャスラフスカは自らの誇りと名誉を、観客の心に刻み込んだ。

50年前の東京五輪の段違い平行棒での失敗を、チャスラフスカは今もはっきりと記憶している。

「演技をスタートさせた時、満員の東京体育館が静まり返りました。普通は7000人もの人が同じ場所にいれば、少しは雑音が起きるものです。それがまるで深夜の体育館みたいに静かだったのです。その中で、上のバーでフルターン（水平に1回転）をして下のバーに素早く移ろうとした瞬間、同僚でもあるチェコスロバキアの選手から『モシージュ！』（英語の『must』に近い、『やるべき』『やって』の意味）という強い声が響きました。言い訳するわけではありませんが、突然、その声が耳に入ってきた瞬間、私はバーをつかみそこねてしまったのです。

　あの種目で私は金メダルを獲れると思っていました。だから、失敗に落胆しなかったわけではありません。でも、私はどうしても観客が期待しているウルトラCを見せたかった。私の演技をこんなに一生懸命に見てくれている観客がいる。私に期待をしてくれている観客がいる。だから同じ技に再び挑戦したのです。もうメダルなんて関係なく、ただ観客に喜んでもらうために。それが日本人の心に響いたのではないでしょうか。後にその演技は武士道の精神に重なるとも言われました」（二〇一四年三月）

　この日の東京体育館の大観衆の中に、チャスラフスカの段違い平行棒の演技に強く心を打たれた男がいた。都内で運送業を営む大塚《おおつか》隆三《りゅうぞう》という26歳の若者だった。チャスラフスカに魅了され、仕事の合間を見つけては、連日のように会場に足を運んでいた。当時の多くの日本の男性がそうだったように、チャスラフスカにぞっこんほれ込んだ、その一人だった。

大塚の姪《めい》の三浦まさ子が当時の様子をよく覚えていた。

「仕事を放り出して東京五輪を見に行ってました。チャスラフスカさんが大好きで、もう一目ぼれでした。その頃、私が『チャスラフスカさんは、めんこいけー？』（可愛いか）って聞いたら、真っ赤になって怒ったんです。あんな叔父《おじ》の顔を見たのは、後にも先にもあの時だけでした。叔父にとってチャスラフスカさんは天女様でした」

そんな大塚が大きな失敗をしたチャスラフスカの演技を目の当《ま》たりにして、ある突拍子もない行動に出る。金メダルを取り損ねた彼女を励まそうとしたのか、それとも離技に再挑戦した姿に感動したからなのか、今となっては分からない。ただ、彼がこの演技を見て、居ても立ってもいられず、「チャスラフスカのために、何かしなければ」と、かたく心に決めたことは事実だった。

その後の大塚の行動については、私が取材した彼の家族や友人の証言をもとに再現してみたい。

東京体育館を後にした彼は、自らが経営する都内の会社に停《と》めていた車のハンドルを握り、実家のある福島県北西部の喜多方市山都町《きたかたしやまとまち》を目指した。

静かな山里はちょうど稲穂の刈り入れの時期を迎えていた。およそ5時間かけて、彼は静寂につつまれた山村にたどり着いた。時計は深夜0時をとうに回っていた。

大塚隆三の実家は代々続く農家だった。幼くして両親を病気で失った彼の実家は、8歳年上の兄・富弥が継いでいた。田舎《いなか》の家は玄関の鍵などかけない時代だった。その玄関から深夜に物音がした。富弥は驚いて起き出した。

「誰《だん》じゃべ？」

「りゅうぞう」


それから旧家は大騒ぎになった。隆三は「頼みがある。あれを持っていく」と言って、床の間に飾られていた日本刀を指さした。そして、「兄さん、どうしても刀がほしい。チャスラフスカにあげるんだ。頼む」と、家宝でもある日本刀をチャスラフスカへの贈り物にしたいと説明したという。富弥の妻・マツイも、二人のやりとりを聞いていた。

兄にはチャスラフスカと弟がどういう関係で、なぜ家宝の刀を贈る必要があるのか、まるで理解できなかった。当然のように猛反対した。それまでも、上京して事業を始めた弟のために、ヒノキと杉の生い茂った山を売って送金していた。なのに家宝の日本刀まで持ち出されては、たまったものではない。

兄弟の激しい言い争いが続いた。仕方なく割って入ったのはマツイだった。

「隆三さんが、そんなに持ってゆきたいなら、そうさせればいいじゃないですか。家宝といっても家に置いておけばホコリをかぶるだけ。人にあげたいならそれもいい」

最後は、言い出したら絶対に譲らない隆三の性格をよく知っていた義姉が、夫を説き伏せた。


大塚隆三は用意していた風呂敷に手早く日本刀を包み、逃げるように実家を後にした。一睡もせずに車を運転して、東京体育館のすぐ近くにある日本青年館の中に開設されていた五輪プレスセンターに直行した。

「チャスラフスカさんの友人です。お渡ししたいものがあるので、朝の練習後にこちらに寄るように、伝えてもらえませんか」

その後、日本刀がチャスラフスカの手に渡るまでの詳しい経緯は分からない。ただ、チャスラフスカは確かに長くて重い包みを受け取った。その時の様子を彼女は今も鮮明に記憶しているという。

「刀を持ってきたのは70歳を超えた男性でした。私ははっきり覚えています。スリムな人で髪はかなり白かった。ですから私は最近になって大塚隆三さんが当時26歳だったと聞いて、凄く謎だったのです。もちろん刀は一本だけです。二本はもらっていません」

（二〇一四年二月）

この老人が誰だったのか、50年たった今も真相は藪《やぶ》の中である。

もっともチャスラフスカには、贈り物の中身を確認している余裕も、時間もなかった。「この時は贈り物が何かもよく見ていませんでした」。その日の夜に種目別決勝の平均台と床が残っていたからだ。「前夜のようなミスは許されない」と、彼女は一睡もせずに、選手村のトイレに敷かれていた幅10㎝のタイルのラインを平均台に見たてて、一晩中練習していた。

十月二十三日、チャスラフスカは得意種目ではない平均台で、同種目を得意とするマニナやラチニナ、アスタホワといったソ連勢3人を抑えて、前日の跳馬に続いて金メダルを獲得した。チャスラフスカにとって平均台の優勝には特別な思いがあった。尊敬するチェコスロバキアの大先輩、ボサコワが、前回一九六〇年ローマ五輪で獲得した金メダルを、引き継ぐ形になったからだ。

一睡もせずに観客席に座っていた大塚は、この金メダルを獲得したチャスラフスカの演技をどんな思いで見ていたのだろうか。

大塚はその後、友人や知人に、チャスラフスカに日本刀をプレゼントしたことを自慢していた。しかし、周囲の反応は冷ややかだったようだ。それまでもスケールの大きな彼の話は、一笑されることが少なくなかった。当時、日本ではチャスラフスカの人気は絶大で、贈り物はトラック1台分でも足りないと報じられていた。

大塚の姪にあたる三浦まさ子も、大好きな叔父ではあったが、自慢話を聞き流していたという。

「トラック1台分ものお土産《みやげ》の中に田舎の日本刀がうずもれているんだろうなと思っていました。だいたい体操選手に日本刀を持っていって、何になるんだと思っていましたから」


大塚隆三は一九三八年（昭和十三年）に福島県喜多方市で生まれた。7歳で父を、10歳で母を、いずれも病で亡くしている。その後、8歳上の兄・富弥、4歳上の姉・弘子とともに、中学卒業まで地元で暮らした。

中学を卒業すると、上京して東京・墨田区にあった読売新聞の販売店で住み込みで働きながら、都立墨田高校の夜間部に通った。

彼が上京した一九五三年（昭和二十八年）はNHKや日本テレビが本放送を開始したテレビ時代の幕開けの年でもあった。都内各所に街頭テレビが設置されるようになる。

大塚は1年浪人した後、明治大学に入学し、すぐに車の運転免許を取得して、兄のもとに電報を打った。

「カネオクレ、トラックイル」

大塚は毎日、新聞を読み、街頭テレビを見るようにした。日本列島は一九五四年から高度経済成長時代が幕を開ける。同年に青森―上野間を集団就職列車と言われる夜行列車が運行を開始。中学を卒業したばかりの〝金の卵〟たちが、この列車に乗って集団で上京した。翌一九五五年から日本は年平均10％以上の経済成長を遂げる。多くの若者が田舎から夢を抱いて東京を目指した。仕事で成功するために、一旗揚げるために、時流に乗ろうと必死だった。大塚もそんな若者たちの一人だった。

当時はまだ貨物の長距離輸送手段の大半は鉄道や船舶だったが、都内の道路が至るところで整備されるようになった。さらに彼は当時働いていた新聞販売店にトラックで新聞が配送されてくることにも目をつけ、近い将来、小回りの利くトラックや自動車による輸送の時代が到来すると予測していた。

福島の実家を継いだ兄の富弥も、たった一人で東京で奮闘する弟に協力的だった。先祖代々受け継いできた山を売って現金をつくった。当時の金額で山を一つ売ると50万円。一九六〇年前後の大卒の平均初任給が1万5000円程度だから、現在の金額に換算すると500万円を軽く超える大金になる。兄は自分の胴巻きに50万円を入れて上京し、直接弟に手渡したという。隆三はそれを元手にして2tトラックを購入し、運送業を始めた。

一九六〇年の衆議院選挙で、6度目の出馬をした神近市子《かみちかいちこ》候補の選挙用ポスターを運搬する仕事が舞い込んできた。新橋まで取りに行った。指定されたのは終戦翌年の一九四六年に創刊された朝刊紙、東京タイムズのビルだった。新橋駅前にはまだバラック建ての建物が多かったが、そのビルは当時としては見上げるように高く、そびえ立っていた。大塚はビルに入ると、東京タイムズ社の関係者に「トラックがあります。何か仕事はありませんか」と自ら売り込んだ。

当時、東京タイムズ社は子会社の東タイ印刷なども所有、同ビルで他の業界紙なども賃刷りしていた。刷り上がった新聞は、都内はもとより、埼玉、千葉、神奈川の首都圏の販売店に配送されていた。

対応した東タイ印刷の専務が、偶然にも同じ福島県の出身だったことから、意気投合して、大塚は新聞を配送する仕事をもらった。

刷り上がった業界紙の電波新聞を麻布《あざぶ》にあった一の橋の工場まで運び、関西方面へ輸送する梱包《こんぽう》された新聞を羽田空港へ届ける。大塚は2tトラックと一体になって、毎日毎日、コマネズミのように働いた。

高度経済成長時代を迎え、あらゆる産業が業績を伸ばし、エネルギーは石炭から安価な石油へと転換した。これに伴い新聞や雑誌などの印刷物の売り上げも、急カーブを描いて上昇した。そこに東京五輪特需が加わった。一九五九年（昭和三十四年）に一九六四年東京五輪の開催が決定し、日本中がさらに活気づく。大都市間の高速交通網の整備がさらに加速した。一九六〇年には池田勇人《いけだはやと》首相が「皆さんの所得を10年で2倍にします。私はウソは申しません」と、『所得倍増』をスローガンに打ち出し、日本はさらに経済重視へと邁進《まいしん》していく。

大塚にも次々と仕事が舞い込んだ。大学を中退。トラックを2台から5台に増やし、一九六二年に有限会社大塚新聞輸送を立ち上げた。

大塚新聞輸送は、東タイ印刷の経理部で働いていた、後に大塚の妻となる靖子《やすこ》が経理を担当、高校を卒業したばかりの姪の三浦まさ子が事務員として加わり、さらに大塚自身が見込んで引き抜いてきた阿部栄が専務に就いた。気心の知れた、信頼のおける親族と友人でスタートした。

しかし、どちらかというと大塚は、地道にコツコツと働くタイプの性格ではなかった。酒は付き合いでたしなむ程度にしか飲まなかったが、銀座の高級バーに足繁く通い、仕事の得意先の人を集めて当時流行していたキャバレーで派手な宴会を催したりもした。輪転機のある東タイ印刷の油だらけの印刷所に、水色のジャケットに白のスラックスという、まるで映画のスクリーンから抜け出した俳優のような派手な服装で現れることもあった。その姿はいつも職人たちの話題になったという。

車も乗り換えるたびに豪華になった。車長が6mもあるリンカーンや高価なジャガーなどを所有し、その高級外車から出てくる白いスーツを身にまとった大塚の姿は、いつも人目を引いた。

その頃の大塚の口癖を三浦まさ子はよく覚えている。

「おじさんは『マサ、人生は50年だよ。泣いても笑ってもたかだか50年だから、楽しくやらなきゃな』と、たびたび言ってました」

妻の靖子も当時をこう振り返る。

「派手なスーツやジャケットなどはすべてオーダーメイドでした。チャラチャラしているようにも見られていましたけど、内情は少し違うんです。時代の流れで、顔見知りだった上野や新宿のテーラーさんも、背広を仕立てる人が減って大変だったんでしょう。『社長、30万円貸してくれ』『50万円貸してくれ』と言われて、イヤとは言えない性格で大金を貸してしまうんです。すると『お礼に背広を仕立てましょう』となって、『ポケットチーフを付けます』『ワイシャツも合わせましょう』となって、貸したお金がそれで相殺されてました。私は何も言わなかったけれど、本当によくカモにされていたと思います。本人も喜んでスーツを着ていたから、それで良《い》いんでしょうけど。そんなことが沢山ありました」

派手で豪快な外見の一方で、義理と人情には厚かった。頼りになる男として気に入られることも多かった。一九七〇年代に入ると銀座のバーで知り合った実業家から、大きな陸運会社の社長も任されたという。

「巨大な12t車が11台もある会社で、北海道まで自動車部品を積んで運び、ネギやじゃがいもを積んで戻り、スーパーや市場に卸していました」（妻・靖子）

一九七三年、第4次中東戦争を契機として起きた第1次石油危機、いわゆるオイルショックが日本経済も直撃した。石油の価格は4倍にはね上がり、それに伴いトイレットペーパーなどの石油を原料とする製品の価格も急騰した。列島改造ブームによる地価高騰も拍車をかけ、一九七四年の消費者物価指数は23％も上昇。「狂乱物価」という造語まで生まれた。大塚の会社も大きな打撃を受けた。

妻の靖子はその状況をつぶさに見ていた。

「本人は毎日のように営業しているつもりで、通産省のお役人などをあちこちで接待していたわけですが、社長を任された陸運会社では『社長は遊んでばかりいる』とうわさになっていました。会社の経営状態が悪化して社員が右往左往しているのに、社長は毎日のようにゴルフと銀座で金ばかり使っていると思われて、会社から更迭されて、すべてを得意先の会社に渡さなければならなくなったのです」

当時の大塚を知る友人たちからは、こんな話も聞いた。

「話はいつもでっかくて、ゴルフ場をやろう、船舶会社をやるから手伝ってくれ、八丈島で土地を買ったからリゾート開発をやろう、えーっ、とこっちがビックリするような億単位の夢物語ばかりでした」

チャスラフスカに日本刀を贈った「実話」も、友人たちにとっては、そんな夢物語の一つと思われていたようだ。

話を再び東京五輪に巻き戻したい。

大塚の性格や人生を振り返った上で、あらためて考えてみた。彼はなぜチャスラフスカへの贈り物に日本刀を選んだのだろうか。体操競技と日本刀には何の関係性もない。ましてや相手は女性である。普通なら花束や、外国人への贈り物として日本を代表するものというのであれば、着物や羽子板などを思い浮かべるのではないか。しかし、大塚は実家の家宝でもある日本刀こそ、チャスラフスカへの贈り物に相応《ふさわ》しいと考えた。

確かに彼はふだんから突拍子もないアイデアで、周囲を驚かせていた。やることも豪快だった。だが、私は彼が日本刀を選んだのは、単なる思い付きではなく、何か明確な理由があったような気がしていた。そして、チャスラフスカのこの言葉を聞いた時に思い当たった。

「この時、贈り物はよく見ていなかったのですが、不思議なことに、くれた人の覚悟のようなものを感じたのです。何かとても魂のこもった、大切なものをいただいたという実感がありました」（二〇一四年三月）

これはあくまで私の推測にすぎないが、もしかすると大塚隆三は、段違い平行棒で大きなミスを犯しながらも、少しも心を乱さず、失敗した離れ技に再び挑んで成功させたチャスラフスカの姿に、日本のサムライに通じる何かを感じ取ったのではないだろうか。そして、そんな彼女の気高い精神に相応する、何かサムライの魂が込められたものを、あげたいと考えた。それこそが、実家にあった日本刀だったのではないだろうか。三浦まさ子がこんな話をした。

「当時、実家のある集落に刀はあの一本しかなかったと聞いています。刀は戦争の時にすべて供出させられましたから、なぜあの一本だけがウチの床の間にあったのかは誰に聞いても分かりませんでした。床の間のある部屋は暗くて子供はあまり入らない。刀も本物だとは思わなかった。でも叔父は、刀が本物であることを知っていました。叔父は命懸けで刀を持ち出し、魂をお渡しするつもりで、チャスラフスカさんに届けたんだと思います」

日本刀に込められた大塚隆三の気持ちは、チャスラフスカにも確かに伝わっていた。彼女は笑いながら、こんな思い出を話した。

「東京五輪では本当に日本の方々からいろんなお土産や手紙をいただきました。トラック1台分という話も本当です。もっとあったかもしれません。その数え切れないお土産の中から、私は日本刀の入った包みだけを手荷物として、帰りの飛行機の機内に持ち込んだのです。何かとても大切なものだと感じていましたから、座席の上の荷台に入れて大切に持ち帰ったのです。日本刀を機内に持ち込むなんて、今ではとても考えられないですよね（笑い）。まだそんな時代だったのです」（二〇一四年三月）

長くて重い贈り物に込められたサムライの魂が、本当の意味で彼女の心の中で重要な力を持つようになるのは、それからかなり時間がたってからのことである。

3　侵攻とスクープ

第2次世界大戦後、ナチス・ドイツの支配下から解放されたチェコスロバキアは、社会主義のソ連型社会を手本として、経済政策、農業の集団化などを推し進めた。しかし、これらの方針はチェコスロバキアの国情には合わなかった。猛威を振るう粛清裁判に批判が高まり、国内経済が鈍化して計画経済も行き詰まった。保守派の共産党第一書記で大統領の座にいたノボトニーを、共産党中央委員会内の改革派が解任に追い込んだ。

一九六八年は「春が一月に始まった」と言われるように、一月には改革派の中からスロバキア人のアレクサンデル・ドゥプチェク氏が党第一書記の座に就いた。ドゥプチェク新政権は『人間の顔をした社会主義』をスローガンに掲げ、国民の圧倒的な支持を得て、独自の自由改革路線を歩み始めた。

東側諸国の一員でいながらも、大胆な自由化政策を打ち出した、いわゆる「プラハの春」と呼ばれる政府の改革路線を知識人たちが賛同して後押しする『二千語宣言』が発表されると、国内でも知名度の高い、哲学者や人気歌手、映画俳優、医者らが次々と宣言に署名した。

『二千語宣言』の起草者は作家ルドヴィーク・バツリークで、改革派の共産党員だった。『二千語宣言』には次のように記されている。

【わが国民の生活は、まず戦争におびやかされたが、次に来たものはその精神衛生と性格をおびやかすもろもろの出来事をともなう悪い時代だった。国民の大半は、期待をもって社会主義の綱領を受け入れた。だが、社会主義の運営は不適当な人々の手に渡った。（中略）今年の春、戦争直後のように、われわれには再び大きなチャンスがめぐってきた。われわれは、さしあたり社会主義と名づけている共同の大業を、再び自らの手におさめ、それにわれわれがかつて持っていた名声と、われわれがもともと持っていた自らに対する比較的いい評価に見合う形を与える可能性を持っているのである】（一九六八年七月二十日付、朝日新聞）

あらゆる制度を血の通った人間的なものにしようと訴える内容だが、今あらためて読み返してみると、ごく当たり前なことが書かれているように思う。

そして、チャスラフスカもこの『二千語宣言』に署名をした。

【「二千語宣言」に署名した日のことを、チャスラフスカは、はっきりと憶《おぼ》えている。場所はチェコスロヴァキア体育連盟中央委員会の建物の中の小さな体育室で、彼女はちょうど、平均台のコンポジションの練習をしていた。そこへ、当時、プラハ体育医学研究所所長だった医学博士イジー・クラール教授がきた。署名すべきかどうかを、ほんの一瞬でも迷わなかったと彼女は今でも言い切る。しかし、この時、チャスラフスカのみならず、他のすべての人びとが、まさか、わずか二カ月もしないうちに、自分たちの祖国がソ連軍の戦車に蹂躙《じゅうりん》される日がくるなどとは、夢にも思っていなかった】（工藤美代子著『チャスラフスカの証言　チェコスロヴァキア民主化への道』ベースボール・マガジン社、一九九〇年刊）

チャスラフスカの他、一九五二年ヘルシンキ五輪の男子陸上で長距離3冠の偉業を成し遂げたエミール・ザトペックから、『二千語宣言』に署名した70人の知識人や著名人の名前が新聞に公表されると、宣言から10日後には賛同署名者が3万4000人を突破、最終的に10万人を超えた。

しかし、同じ社会主義国の盟主、ソ連にとって、東欧諸国で結成していた軍事同盟「ワルシャワ条約機構」の加盟国でもあるチェコスロバキアの、この『二千語宣言』とともに急速に高まっていく自由化への流れは、放置できない動きだった。

一九六八年八月二十日、ワルシャワ条約機構軍の20数万の部隊がチェコスロバキアを目指した。

当時、チャスラフスカは2カ月後に迫っていたメキシコ五輪に備えて、北モラヴィア地方のシュンペルクで強化合宿をしていた。翌二十一日未明、突然、人々の大声が響き、犬がけたたましく鳴いた。ただならぬ気配にチャスラフスカは目を覚ました。町中にアナウンスが繰り返し聞こえていた。

「『二千語宣言』に署名した人は早く隠れてください」

チャスラフスカは知人の車で山奥の小屋に身を隠し、約2週間、親兄弟にも居場所を知らせなかったという。

「誰かに自分の居場所を知らせると、かくまってくれた人にも迷惑がかかるので、音信を絶ったのです」（二〇一四年三月）

そこに体操の器具はなかった。五輪を目前にして、集中力を高めて実戦感覚を磨き上げる最も重要な時期に、練習ができなくなった。チャスラフスカは筋力が衰えないように、木の枝にぶら下がり、重い石炭を運んだ。さらに倒れた木を平均台に見立ててトレーニングを続けた。しかし、この状況下でチェコスロバキアが五輪に出場できるかどうかは、微妙だった。

すでに現役を引退していたザトペックは、各地で行われた集会に登場して、こう呼び掛けていたという。

「チェコスロバキアはメキシコ五輪に出るべきだ。自分たちが恐れていないということを五輪で表明すべきだ」

チャスラフスカもザトペックの主張に賛同していた。

一方でメキシコ五輪が近づくにつれて、大会の主役と目されていた体操の女王の行方が分からなくなったことで、国内はもとより世界中の人々がチャスラフスカの動向を心配し、注視するようになった。

ひょっとするとすでに身柄を拘束されているのではないか、国外へ連れ出されて軟禁されているのではないか、いや、『二千語宣言』に署名した中心人物として、殺害された可能性もなくはない……さまざまなネガティブな憶測が、国境を越えて飛び交った。


チェコスロバキアの首都プラハの中心地にあるバーツラフ広場には、ワルシャワ条約機構軍の戦車が数珠《じゅず》つなぎになって並んでいた。侵攻の目的は、自由化へ舵《かじ》を切ろうとした国家を、再び社会主義体制に服従させることだった。そのためには手段を選ばなかった。

【バスのバリケード、窓ガラスが割れて炎に包まれる住宅、めくれた舗石《しきいし》、小火器や重火器の発砲、モーター音、叫び声、笛の音、スローガン、爆発、火と煙といった状況は戦時下を想起させるものだった。ラジオ局周辺では最終的に17名の市民が命を落とし、数十名が重傷を負った】

【中央委員会の建物の前には、占領反対の象徴となった政治家たちを支援すべく民衆が集まっていった。政治家の名前を連呼したり、チェコスロヴァキアの国歌を歌ったりしていたが、状況は緊迫していく。（中略）突然、理由なしに発砲を始め、若い男性の命が奪われたのである】（『ジョセフ・クーデルカ　プラハ侵攻1968』平凡社、二〇一一年刊）

死者は約100人、重傷者約400人、軽傷者約500人。チェコスロバキア全土がワルシャワ条約機構軍の占領下におかれた。

この頃のチェコスロバキアの情勢を、日本の新聞はどう伝えていたのか。私は気になってコラムを書いていた新聞社で古い資料をめくった。そして、ある記事に目がくぎ付けになった。一九六八年九月十一日付の中日新聞にチャスラフスカのインタビュー記事が掲載されていたのだ。記事には「ソ連を逃れて」「私はくじけません・五輪は必ず出ます」という見出しが付けられていた。そして、プラハの街をバックに、髪をポニーテールにしたスーツ姿の彼女の写真まで添えられていた。山奥に身を潜めて、まだ20日ほどしかたっていないではないか。しかも、チェコスロバキアは軍事占領下におかれているのに。私は頭の中が混乱した。

そして、記事にはこう書かれていた。

【「(前略)二千語宣言に署名した人々だけでなく、全国民の受難です。だが、チェコ国民はくじけません。私はそれを信じています」。こんな発言が秘密警察の耳に入れば、彼女の立場はさらに苦しくなる。彼女の身を案じて「今の言葉を原稿にしてもいいのか」と問い掛けようとしたところ、彼女はそれを案じたのか「チェコに同情的な日本の皆さんに、チェコ国民はこういう考えでいるとお伝えすることが、なによりのお礼だと思います」と付け加えた】

さらに『チェコは必ずメキシコ五輪に出場する』『こんな環境でチェコは不利だ。しかし、私は自分のベストを尽くす』という、彼女のメッセージも掲載されていた。

チャスラフスカの安否がまだ確認されていなかった時期に、おそらく外国人で初めて彼女を捜し出し、インタビューに成功したのは日本人の新聞記者だった。

記事の署名は『西川記者』とだけ書かれていた。46年後の現在も、西川記者はご存命なのだろうか。

ワルシャワ条約機構軍20数万の部隊が侵攻し、戦車が市民をなぎ倒し、多数の犠牲者が出ていた危険なプラハに、西川記者はなぜ、何のために出向いたのか。東欧の特派員だったのだろうか。そして、家族にも居場所を知らせずに身を隠していたチャスラフスカをどうやって捜し出し、インタビューにこぎつけたのか。私は西川記者にどうしても会いたい、会わなくてはならない、という強い思いに駆り立てられた。

東京五輪でチャスラフスカに日本刀を贈った大塚隆三氏を捜し出す時に協力していただいた、中日新聞東京本社が発行する東京新聞の記者、滝沢学《たきざわまなぶ》氏のことを思い出した。西川記者について問い合わせると、滝沢氏はOB名簿を捜してくれた。

「該当しそうな西川姓は6人います。僕がまず当たってみますので時間をください」

3日ほどして滝沢氏から連絡があった。声が少し弾んでいた。

「西川記者のフルネームは西川順之助《にしかわじゅんのすけ》です。中日ドラゴンズの元球団社長です。恐らく間違いないでしょう。彼は特派員経験はないようです。何らかの事情でその時チェコにいたと思われますね」

特派員でなかったとすれば、なぜあの時期に危険なプラハにいたのだろうか。私は滝沢氏から西川氏の連絡先を聞くと、すぐに名古屋市内の西川氏の自宅に電話を入れた。本人が電話口に出てきた。事情を説明すると「間違いなくチェコからの記事を書いたのは、わしだよ」と返事があった。どうしても詳しく話が聞きたいと言うと、名古屋の瑞穂《みずほ》陸上競技場近くの自宅にくるようにと、快く応じてくれた。

ワルシャワ条約機構軍がチェコに侵攻した一九六八年八月二十一日未明、2日前に36歳になったばかりの西川記者はチェコ・プラハの南140㎞、オーストリア国境近くのチェスケ・ブデヨヴィツェにいた。メキシコ五輪を目前に控えて、欧州に遠征していた日本男子バレーボールチームを取材するため同行していたのだった。

「未明に騒ぎになって、松平《まつだいら》（康隆《やすたか》）監督、スタッフ、選手とともに飛び起きたんです。1年近く前から共産圏の中で自由化が進んでいたチェコスロバキアに対して、ソ連を中心とした東欧の国々が国境近くに戦車を並べて牽制《けんせい》をしているのは知っていましたが、戦車でプラハに突入して全土を占領するまさにそのときに、まさか自分が遭遇するとは思ってもいませんでした。翌日にプラハから日本へ戻ることになっていたのですが、ともかく一刻も早く、無事に帰国しようとみんなの意見が一致しました。しかし、新聞記者の私としては、ジャーナリストとして千載一遇のチャンスです。松平さんの了解を得て、私はそこからプラハに向かうことにしたんです」

実は社会部に在籍した経験のある西川記者は、「ひょっとしたら……」と思い、チェコ関係の2カ月分のスクラップを持参していたのだという。現地に残ったのは西川氏だけではなく、もう一人テレビ局の社員も一緒だった。

「日本チームを国境検問所で見送り、チェコの選手たちとともにバスでプラハに向かいました。途中で南下してくるワルシャワ条約軍の大型戦車の列をやり過ごしながら、まず日本大使館に行きました。そこで情報を収集し、その晩は大使のご厚意で泊めていただきました。翌日は市内の生々しい状況を取材し、同時にチェコ体操協会に行き、事務局長にチャスラフスカ選手を取材したいと申し入れたわけです。チェコ体操協会の事務局長とは中日新聞が体操の中日カップ国際大会を主催していたこともあり、面識があったので助かりました。北部の町で強化合宿に入っているが、ソ連や秘密警察の目もあるので、どこの町にいるかは教えてくれませんでした。それで、ともかく『彼女がプラハに戻ってきたら連絡をください』と何度もしつこく頼みました。その日、取材した原稿を大使館から本社に送ろうとしましたが、事件直後とあって電話、テレックスは制限されてなかなか通じない。当時は記事を送る時は、記者が電話口で原稿を読み上げて、本社の速記記者が書き取っていた時代です。中日新聞本社はもちろん、ボン、ロンドン、パリなどの支局にも何度も電話をかけまくり、その日の原稿を送り込みました。しかし、その後数日間はまったく電話は不通。原稿を毎日書いても、日本では記事にならないという悲哀の連続でした」

体操協会からの連絡を待ちながら、西川氏はプラハの市街に飛び出し、動乱の様子をつぶさに写真に収めた。

「場所を表す標識が市民の手で取り外され、住所表示の標識も消されていました。ヴォジチコヴァ通りも、カレル広場もなくなり、地名や番号の刻まれたものはプラハからなくなっていました。占領軍に対する市民の自己防衛と無言の抵抗でした。壁や塀には沢山の批判が書かれていました。広場で写真を撮っていて見つかると没収されるんですけど、市民が周囲を囲ってくれて、カメラを目立たないようにしてくれました。自分のアパートの部屋に招き入れてくれて、ベストアングルを教えてくれた親切な人もいました」

当然のように取材妨害にも遭遇したという。

「小銃をつきつけられて検問されました。パスポートを出して、バレーボールの取材でモスクワに行ったときの証《あかし》を見せて誤魔化したりしていました。当時はベトナム戦争の報道も多かったけど、ベトコンみたいに草原の中からいきなり銃撃してくるような事態はチェコではないだろうと思っていたんです」

八月二十三日、日本大使館から第1陣の帰国渡航連絡がきた。プラハに滞在している商社マンやその家族などが一時帰国することになった。一緒に残っていたテレビ局員からも帰国する意向を告げられた。

「実は私には好都合でした。市内を写したフィルムを直接、中日新聞の東京本社に届けてもらえるから、ありがたいと思ったんです」

早大時代にはバレー部の主力選手だった西川記者は体力には自信があった。一人プラハに残って、さらに取材を続けた。そしてついに体操協会から連絡が入った。

「『チャスラフスカがプラハに戻ってきた。九月二日に体育館に行けば会える』という連絡がきて、すっとんでいきました。コーチの中に英語ができる人がいて助かりました。

彼女は『日本の皆さまにチェコ人すべてが感謝していると伝えてほしい』と丁寧に言いました。大変に度胸のある、肝の据わった人だという印象を持ちました」

西川氏が取材の場でも心配していたように、「チェコは再び苦しい時代を迎えようとしている。これは『二千語宣言』に署名した人々だけでなく、全国民の受難です」というチャスラフスカのワルシャワ条約機構軍に対する痛烈な批判は、軍事占領下にあった当時の情勢から考えると、自らに火の粉がふりかかるような、危険極まりない発言であったことは間違いない。知名度が高く、国民的な人気のあった彼女の当時の影響力を考えるとなおさらだ。

それでもチャスラフスカは身を挺《てい》してでも、愛する日本人に、自分の言葉で思いを伝えたかった。母国の悲惨な状況と、不当な扱い、そしてメキシコ五輪への強い決意。きっと信頼する日本人ならば分かってくれる。西川氏の話を聞いていると、そんな彼女の心の叫びが聞こえてくる。

チャスラフスカの言葉をしっかりと受け取った西川記者は、取材を終えて礼を言い、体育館を出ようとした。するとチャスラフスカがもう一度こう言った。

「日本人の同情は、忘れません」

西川記者は渾身《こんしん》の原稿を書いた。そして宿泊していたヤルタホテルから、通じるようになったテレックスで中日新聞の東京本社へ送った。チャスラフスカの元気な姿を伝える独占インタビューは、世界的な大スクープとして中日新聞、東京新聞の紙面を飾り、日本のファンをホッとさせた。

4　一九六八年メキシコ――抵抗と結婚

一九六八年メキシコ五輪、日本女子体操チームは米国のロサンゼルスで合宿を行った後、早々とメキシコシティ入りした。14時間の時差や標高2000mを超える高地ということを十分に考慮してのことだった。

チャスラフスカの姿はまだなかった。一九六〇年ローマ五輪から続く、彼女との長く深い交流で、特別な絆で結ばれていた日本選手団は、毎日、チェコスロバキアチームの到着を心待ちにしていた。

チャスラフスカが『二千語宣言』に署名していたことは世界にも知れわたっていた。メキシコでは彼女の生存を危ぶむ声もあったという。ソ連が後押しするチェコスロバキアの共産党保守派が、チャスラフスカを国外に出すはずはないという見方が現地でも多数を占めていたという。

東京五輪から4年。日本女子チームの顔触れも大きく変わっていた。前回大会経験者は中村多仁子と渋谷多喜《しぶやたき》の二人だけだった。中村は同じ体操選手で、ローマ、東京両五輪の団体金メダリストの三栗崇と結婚して、一児の母になっていた。2年前の一九六六年ドルトムント世界選手権では、東京五輪の団体に続き、種目別の段違い平行棒で銅メダルを獲得していた。好成績はチャスラフスカの影響も大きかったという。

東京五輪の翌一九六五年十二月、チャスラフスカと日本チームは日本各地をエキシビションで転戦した。試合後に移動して、翌日にまた試合という強行日程だった。名古屋の大会を終えた夜に、京都にバスで移動していた時のある出来事を、中村は鮮明に記憶している。

鈴鹿峠《すずかとうげ》を越える頃に大雪でバスが動けなくなった。予定は大幅に遅れた。ただ中村はこの時間を使って、通訳を伴ってチャスラフスカの隣に座った。どうしても聞いておきたいことがあった。

東京五輪の種目別の跳馬でのことだ。別の種目の表彰式直後に跳馬の決勝が始まった。セレモニー終了と同時に、チャスラフスカは首から下げたメダルをはぎ取るように外し、表彰台から飛び降りて、跳馬の方へ走った。他の選手たちはすでに十分なウオームアップをしていた。

メンバーは世界最高の跳び手と言われた東ドイツのラドフル、跳馬の欧州選手権覇者で同じく東ドイツのシュタルケ、最も前評判が高かったソ連のウォルチュツカヤ、そして出場選手の中でただ一人、天使跳びを跳ぶ日本の相原俊子。

表彰台から駆けつけたチャスラフスカとラチニナには、直前の公式試技の時間しかなかった。時間は6人でたった3分だった。

中村はチャスラフスカをじっと見ていた。2回の試技はいずれも失敗した。3回目の試技に臨もうとした時、練習終了を告げるブザーが鳴った。中村は「まずいなあ」と内心で思い、両手で顔を覆いそうになったという。

チャスラフスカの演技順は3番目だった。ところが中村の心配をよそに、本番で彼女は練習とは別人のような完璧な山下跳びを成功させた。合計点19・483。圧倒的な強さを見せての優勝だった。

なぜ練習で失敗を重ねながらも、本番であれほど完璧な演技をすることができるのか。中村はどうしてもチャスラフスカに聞いてみたかったのだ。

降りしきる雪。バスの外の銀世界を見ながらチャスラフスカはこう答えたという。

「毎日、毎日、1日30回は山下跳びを成功させてきました。成功率は90％を軽く超えていたの。だから直前で失敗したとしても、次は絶対に跳べるはずだと確信して跳んだのよ」

中村が自分の練習での技の精度とは比較にならない、と感心していると、チャスラフスカが自分の手を中村の手に重ねてきた。

「ほら、私、指が短いのよ」

確かに小柄な中村の手と比べても、チャスラフスカの指は短かった。中村は驚いた。

「ロシアの選手に比べたら、ずっと私の手は小さい。だから段違い平行棒では、もともとバーをつかみにくい手でしょう。緊張すると汗もかく。だから、いつまでもバーをつかんでいない方が得だと思って、すぐにバーから手を離して、フルターンする技を磨いたのよ」

デメリットをメリットに変える。チャスラフスカの言葉に中村は開眼した。そして、自分の段違い平行棒のメニューを組み立てなおし、ドルトムントの世界選手権での銅メダルにつなげた。中村が言う。

「それまで私は体力のない選手だと言われていて、解説者に『中村選手は最後まで演技をやり通せますかね』なんて言われていたんです。自分でもパワー不足がコンプレックスでした。でも彼女の言葉を参考にして、大技と大技の間に誰もできない自分だけの小技を挟むことで、大技を際立たせることができるようになりました。結果的にそれが体力を保たせることにもなったんです」

チャスラフスカは日本男子の屈託のない雰囲気や猫のような身のこなし、遠藤幸雄に代表される美しく切れのある体操に憧れて、日本人を常に注視し、練習に入れてもらい、吸収した。そして、教えてもらった技を自分流に加工して、世界の頂点に立つための武器へと磨いた。日本男子からチャスラフスカに流出したものは少なくない。彼女は自分たちの芸術を惜しげもなく分けてくれる彼らに感動したという。そして、今度は日本の中村多仁子がチャスラフスカにアドバイスを受け、それをヒントに自分の演技を進化させて、メダルへと昇華させた。

　日本とチャスラフスカの強い絆と信頼関係は、いろんなところで広がりを見せ、まるでタスキリレーのようにして、相乗効果を生むようになっていた。

　余談になるが、中村の話を聞いていて、このメキシコ五輪で審判員を務めた金子明友氏が、宮本武蔵の『五輪書』を例に挙げてこんな話をしてくれたことを思い出した。

「『山水三千世界を万里《ばんり》一空《いっくう》に入れ、満天地ともまとめる』と書かれた中の『万里一空』ですが、一つの目標に向かって精進している者にとって、世界はすべて同じ空の下にあるという意味です。絵画も音楽も体操も、異なるジャンルであっても、自分の求めているもののヒントになる。その『万里一空』の根底にあるものは、その人になら話しても通じるだろうという期待、人の思いなんです。外国人はそういう思いを持つ日本人について、それを〝おもてなしの精神〟〝日本人は親切で優しい〟と表現しますが、これなんです。もっと言うと日本だけでなく東洋的なもの。仏教の中にある考え方と言った方がいいかもしれません」

中村は世界選手権の段違い平行棒での銅メダルは、チャスラフスカの言葉をヒントにした結果だったということを、直接本人に伝えたかった。そして、メキシコ五輪でまた新たな刺激を彼女から受けたいと願ってもいた。だから、中村は誰よりもチャスラフスカの身を案じていた。

五輪開幕12日前の九月三十日夜、情熱的な群衆に迎えられて、ついにチャスラフスカがメキシコシティに到着した。空港には地元メキシコをはじめ世界中の200人を超える報道陣が押し寄せた。先にメキシコ入りしていた婚約者でチェコスロバキアの陸上男子1500m代表のヨゼフ・オドロジル（当時29歳）も出迎えていた。彼は東京五輪の同種目の銀メダリストで、その東京五輪をきっかけに交際が始まったという。オドロジルは到着ロビーに姿を現したチャスラフスカにすみれの花束を手渡し、ほおをすり寄せた。「いつ結婚式を挙げるのか」の報道陣の質問に、チャスラフスカは「まだ分かりません」と言葉を濁した。カメラには笑顔で手を振ったものの「疲れているので2日ほど休みます」と話し、表情はやつれているようだった。

日本選手団の中で、選手村でチャスラフスカの姿をいち早く見つけたのは、チームリーダーの荒川御幸だった。

「アラカワさん」

「ベラ、良かった。会えたわね」

二人は短い言葉を交わし、抱き合って再会を喜んだが、この時荒川は当時26歳のチャスラフスカの痩せてやつれた姿に驚き、言葉を失うほどだったという。

一九六〇年のローマ五輪で荒川が初めてチャスラフスカの姿を見た時、その艶《あで》やかな美しさに見とれ、欧州の名高い貝細工のブローチ「カメオ」をその美貌に重ね合わせて、「カメオちゃん」と呼んでいた。その当時の面影が見つけられないほど、メキシコで会った彼女は別人のようだった。「幸運を祈る」と伝えて別れたが、荒川はそのチャスラフスカの姿に、背負っているものの計り知れない重さを感じたという。

この五輪でチャスラフスカの最大のライバルと目され、あのラチニナが自分の後継者として名前を挙げていたソ連のクチンスカヤは、チャスラフスカより2週間も早くメキシコ入りして、万全の準備を整えていた。

一方、チャスラフスカはチェコスロバキアのために絶対に勝たなくてはという強い思いが、いつにも増して自分を追い込んでいた。木の枝にぶら下がり、石炭を運んで筋肉を落とさないように努めてきたが、実戦的な練習時間は明らかに不足していた。準備は万全ではなかった。それは本人が一番分かっていた。

五輪で着用するチェコスロバキア選手のレオタードも世界中の目を引くものだった。4年前の東京大会の鮮やかな深紅とは180度異なる黒だった。首の回りには白いラインが入っていた。厳かで厳粛な黒はまた、悲しみや喪服を連想させる。多くの犠牲者を出して、軍事支配下に置かれた母国民の心情を表しているようにも見えた。しかし、このレオタードには特別な意味はなかったとチャスラフスカは振り返る。

「大会のかなり前から決まっていたものです。必ずその意味をインタビューで聞かれましたが、黒のレオタードの選択には理由はなかったんです」（二〇一四年三月）

チャスラフスカの金髪を束ねたリボンの色も黒だった。その黒で統一された姿が、世界中の人々に、何か特別な意味のこもった強い印象を与えたことは確かだった。

一方、チェコスロバキアに侵攻したソ連の女子チームのレオタードは、対照的に晴天を思わせるような鮮やかなブルーだった。

十月二十一日、女子体操の規定が行われた試合会場のチャプルテペク公園の公会堂には、前夜から長い行列ができ、1万5000人の超満員の観衆で埋まった。観客の最大の注目は、26歳の女王チャスラフスカと『メキシコの恋人』と言われた19歳のクチンスカヤの対決だった。

しかし、この初日に二人の明暗がはっきりと分かれた。団体も兼ねる個人総合で、チャスラフスカは最初の跳馬で9・90の好得点をたたき出し、勢いに乗った。一方、クチンスカヤは段違い平行棒の後半に、上のバーへ移行する際、バーをつかみそこねて落下する大失敗を犯した。得点は8・45。合計点では入賞（当時は6位以内）圏外に落ちた。この時点で金メダルの可能性は消えた。チャスラフスカは同じソ連の2位ペトリクに0・50差をつけて首位に立ち、勝負強さを見せた。レオタードのえりから鎖骨がくっきりと浮き立つほど痩せていた彼女の演技には、鬼気迫るものがあった。

軍事占領下に置かれたチェコスロバキアの厳しい情勢と、苦難を乗り越えて五輪の舞台に立ったチャスラフスカの姿が、メキシコ国民の共感を呼んだのかもしれない。会場はチャスラフスカへの圧倒的な応援、声援につつまれた。その観客の大きな後押しが、彼女の闘志をさらにかきたてた。

一九六四年の東京五輪から写真を撮り続けてきたスポーツカメラマンの第一人者、岸《きし》本健《もとけん》は、メキシコ五輪のチャスラフスカには特別な印象を持っていた。

「いざ試合だという時の集中力、目玉のすわり具合に、もともと人並み外れた強さが出る選手なんだけど、メキシコ五輪の時の彼女の表情は、もうファインダーをのぞいていても怖いくらいだった。精神の強さが顔ににじみ出ていた。おまけにメキシコの観客の声援が尋常じゃなくて、よく割れんばかりの歓声とか拍手とか言うけど、チャスラフスカに対する反応は、大げさではなくて、本当に天井が落ちるんじゃないかと僕は思った。観客も圧倒的にチャスラフスカを応援して、とにかく会場は異様な雰囲気だった」

２日後の十月二十三日の自由演技も、チャスラフスカの独壇場だった。最初の平均台。倒立回転から両足を水平に開いた時、ちょっとよろめき両手で平均台をつかんだ。その他は完璧だったが得点は９・６０。会場は人の声が聞き取れないほどの、大きなブーイングにつつまれた。「ベラ、ベラ、ベラ」の大合唱で観客の猛抗議はやまず、審判が協議して９・８０に訂正されると、ブーイングがいっせいに拍手に変わった。両手で平均台をつかんだのは演技の流れと判断された。

その後もチャスラフスカは高得点を連発した。メキシコ人の誰もが知っている「エル・ランチョ・グランデ」を選曲に使った床では情熱的な演技で、観客を喜ばせて９・８５。続く跳馬も９・８５。そして最終種目の段違い平行棒でもピタリと着地を決め、９・９０の最高点を出して演技を終えた。

実は試合前にチャスラフスカは今大会を最後に現役を引退し、オドロジルと結婚することを発表していた。最後の段違い平行棒の演技を終えると、西ドイツの選手たちもまじって、胴上げされた。国別対抗戦の色が鮮明になる五輪で、このような光景は珍しかった。

チャスラフスカの合計得点は78・25。2位ボロニナ（ソ連）に1・40点の大差をつける圧勝で五輪2連覇を達成した。最大のライバルと言われたクチンスカヤは盛り返したものの、76・75で3位に終わった。日本勢も振るわず、東京五輪で銅メダルを獲得した団体で4位。中村多仁子は個人総合18位に終わった。

「迫害を受け、プライドも名誉も傷つけられた祖国の人々のために」、その強い思いだけで、チャスラフスカは練習不足、コンディション不良という大きなハンディを克服して、再び頂点に立った。ただ、女王の表情にあの東京五輪の時のパッと花が咲いたような明るさはない。表彰式の笑顔もどこか憂いを帯び、表彰台を降りるとすぐに険しい表情に変わった。

ところでメキシコ五輪で遠藤幸雄はどうだったのか。男子体操チームの主将となり、開会式では日本選手団の旗手も務めた。まさしく「日本の顔」として出場したが、競技面では後に日本最多8個の金メダルを獲得する加藤沢男ら若手の台頭が著しく、技のレベルでも追いつけなくなっていた。当時31歳だった本人の言葉を借りると「若い連中にいかに食い込むか」を考えていたという。チームの中ではつまりそんな立場だった。加藤沢男が金メダルを獲得した個人総合は8位に終わったが、団体総合では見事に3連覇を達成。種目別の跳馬でも銀メダルを獲得して締めくくり、大会後に引退を表明した。

後年、遠藤はメキシコ五輪についてインタビューでこう語っている。

【すでに加藤沢男らの時代だった。あん馬で成功して4年前の汚名を晴らせたのがうれしかった】（一九八三年十月五日付、夕刊フジ）

話を再びチャスラフスカへと戻す。

十月二十五日の女子種目別決勝でもチャスラフスカは床、跳馬、段違い平行棒の3種目で9・90の最高得点をたたき出し、三つの金メダルを獲得した。平均台の決勝演技はクチンスカヤと同点だったものの、持ち点で優勝を譲った。

この女子体操の最終日の表彰式でのチャスラフスカのある振る舞いが、世界中から注目され、チェコスロバキアの人たちの共感を呼ぶことになる。

床の表彰式。金メダルはチャスラフスカの他にもう一人いた。合計点で並んだソ連のペトリクだった。表彰台に二人が並んだ。最初にチェコスロバキア国歌が流れて国旗が掲揚された。次にソ連の国歌が流れ始めた。その時だった。チャスラフスカは突然、斜め下45度に顔を背けて、赤地に鎌と槌《つち》の描かれたソ連国旗から視線をそらしたのだ。

実は9日前の十月十六日、陸上男子200mの表彰式で、優勝したトミー・スミスと3位のジョン・カルロスの米国黒人選手二人が、国旗掲揚のセレモニーの際に表彰台の上で黒い手袋をした拳を突き上げて、視線を足元に落とすポーズを取った。人種差別に抗議するパフォーマンスだった。米国オリンピック委員会はこの行動に激怒。臨時総会を開き、「スポーツマンシップの基本精神とマナーを汚した」として、二人を出場停止処分とし、選手村から退去させていた。

チャスラフスカの振る舞いは、暴力で他国を踏みにじる行為への断固たる拒絶であり、チェコスロバキア国民の「自分たちは決して屈しない」という、ソ連に対する心情を代弁するものだった。ただ、彼女の行為は米国の黒人選手のような問題にはならなかった。五輪精神を汚さないように、慎ましく、おとなしく努めながら、平和へのメッセージを世界に訴えた。「静かな抵抗」と呼ばれたその表彰式は、今もメキシコ五輪の象徴的なシーンとして五輪史に刻まれる。

チャスラフスカは当時のことをこう振り返る。

「本当は2本の指を大きく広げて、〝Victory〟、つまり勝利の意味のVの形にしようと思いました。でも五輪では政治的な行為は慎まなければなりません。もしVサインをしてメダルを剝奪《はくだつ》されるようなことになれば、祖国の人々のためにならないと思ったのです。だからギリギリの線を考えて、顔を背けました」（二〇一四年三月）

私は別の機会にチャスラフスカにこう聞いたことがある。

――メキシコ五輪ではライバルだったクチンスカヤが、くしくもソ連のエースでした。観客はチェコスロバキアとソ連の関係を、二人に重ねた上で、チャスラフスカさんを応援しました。それについてはどう思われましたか。

「それは間違ってほしくないの。個人的には彼女と敵対したことなどなくて、試合場でもよく話をしていました。クチンスカヤは確かに優秀な選手でした。実力も私と彼女の差はわずかです。私を支えてくれたのが『プラハの春』の時に押しつぶされたチェコスロバキアの国民と、彼らを支持する全世界の期待でした。それを私は表現したかったのです」

チェコスロバキアの午前2時55分、表彰式の様子がラジオとテレビを通じて流れた。勇気ある行動に多くの国民が感動したという。チャスラフスカの自宅に最初に届いたお祝いのメッセージは、第一書記だったドゥプチェク氏からのものだった。

この表彰式後の記者会見でチャスラフスカは、翌日の二十六日にオドロジルと婚姻届をチェコスロバキア大使館に提出し、夜に結婚式を挙げると発表した。

【メキシコオリンピックの時に結婚しようというのは、ベラのアイディアだった。自分の締めくくりに、もう一つ付け加えようと思った（笑い）。結婚式は秘密裏に行われるはずだったが、メキシコの新聞が大騒ぎした。（中略）メキシコでの名声は東京でのそれをさらに超えるもので、ベラの一挙一動について回った。好意を表すのは大抵は個人ではなく群衆だったので、だんだんそのすべてが苦痛になった。写真を撮ったりサインをもらったりする際も、都合の良いときかどうかを気にしない。特にヨゼフは「私たちはいつも逃げていた」と報道で語っている。結婚式に群衆がくるのは分かっていたので、大使館は会場を変えるようにアドバイスした。ベラの希望は小さな教会だったが、選手村内になり、その後、歴史的な広場の大聖堂へと変更になった】（『オリンポス山の人生』）

花嫁姿のチャスラフスカを一目見ようと、5万人もの人々が広場に殺到した。カトリック教会で行われた式には、荒川、中村、松久ミユキにも招待状が届いた。3人は日本チーム代表として参列した。

チャスラフスカは体操競技という闘いの場を去り、これからはきっと女性としての幸せを手に入れるのだろう。彼女の花嫁姿を見ながら、日本から参列した3人は心からそう祈ったのだったが……。

第4章　冬

1　絶望と誇り

メキシコ五輪から帰国したチャスラフスカは、チェコスロバキアの英雄として称賛された。

憎悪の対象でもあるソ連に圧勝し、母国の意地と名誉を世界中に誇示したヒロインに、人々は溜飲《りゆういん》を下げ、酔いしれたといっていいだろう。

プラハの大統領官邸では祝勝のレセプションが行われた。メキシコ五輪では四つの金メダル以外に小さなレプリカも授与されていた。チャスラフスカはそのレプリカを、「プラハの春」を牽引した政治家にプレゼントした。

スヴォボダ大統領、ドゥプチェク第一書記、チェルニーク首相、スムルコフスキー国民議会議長の4人。獲得した金メダルの数と同じだった。

チャスラフスカはこの4人が、ワルシャワ条約機構軍に軍事支配される以前と同じように、自分たち国民が信頼していた人間のままであってほしいという願いを込めて、レプリカを贈ったという。

チャスラフスカはこの頃について「つかの間の平安がもたらされた頃」と回想している。

そして、メキシコ五輪の2カ月後、一九六八年十二月にチャスラフスカはチェコスロバキアの女子代表チームとともに再び日本を訪れた。同じくメキシコ五輪を最後に引退した盟友の遠藤幸雄とともに、「引退興行」と銘打ったフィナーレの舞台を、日本側が用意したのだ。名古屋、京都、東京と転戦した。最終公演日の十二月十一日、東京の日本武道館は1万4000人の大観衆で埋まった。最後はクラシックの曲を流しての床の演技で、11年間の競技生活を締めくくった。すべての演技を終えると「ミナサンノゴシエンハ、イッショウワスレマセン、ゴキゲンヨウ」と日本語で観客に挨拶した。

その武道館公演前日の東京新聞のインタビューで彼女はこんな話をしている。

【メキシコオリンピックのあと、とても疲れました。まだテレビ映画の出演や本の執筆を頼まれています。学業（大学）もあと二年続けなければなりません。引退後は体操のコーチをしますが、その条件はいま、何も考えていません。（中略）二千語宣言の署名は正しいと信じて、市民の義務と思ってしたことです（強い表情で）このときも日本人は私たちの行為を、私たちの身になって理解してくれると、思っていました。将来です

か？　……チェコには楽天的な人が多いから、よくなるでしょう】（一九六八年十二月十一日付、東京新聞）

実はこの日本での引退興行で、遠藤とチャスラフスカの絆を象徴するエピソードがある。公演初日の十二月七日、名古屋の会場の控室で、チャスラフスカは妊娠2カ月であることをこっそり遠藤にだけ明かした。遠藤は心から祝福はしたが、彼女が動きの激しい体操をすることを心配した。すでに3人の子供の父親でもあった遠藤は、妊娠初期の女性にとってそれがいかに危険なことかを知っていたからだ。チャスラフスカはふだん通り全4種目で演技をするつもりだったが、遠藤の忠告で、跳馬、段違い平行棒を取りやめ、平均台と床の2種目だけ演技することにした。無用な混乱を避けるため、マスコミには「風邪のため」という理由で発表した。「チャスラフスカ妊娠」のニュースが世界に流れるのは、それから1カ月半後の一九六九年一月二十七日のことである。

日本で引退興行が行われた同じ一九六八年十二月、英国の『ワールド・スポーツ』誌が、同年の最優秀選手として男子は陸上円盤投げで五輪4連覇を達成したアル・オーター（米国）を、女子はベラ・チャスラフスカを選出したと発表した。

あのメキシコ五輪前の苦しい日々を忘れてしまいそうになるほど、五輪後は年末まで祝福と歓迎、称賛の儀式が続いた。しかし、その希望の陽が燦々とふり注ぐような日々には、終幕が近づいていた。


翌一九六九年八月四日、長女ラトカを出産した。待望の第1子だった。母として幸せの絶頂にいた。その約1カ月後、毎日新聞のプラハ特派員が単独インタビューに成功している。以下は九月二十六日付の毎日新聞からの抜粋である。

【とにかく慣れない育児でフーフー。母乳で育てているので三時間おきに授乳し、それに天気のよい日には乳母車《うばぐるま》に赤ちゃんを乗せて近所に散歩に出かけます。どうもうちの子供は昼と夜を取り違えているようで、夜もおちおち寝ておれません。でも親に似たのか、もう5kgもある大きい子なので、とてもうれしい】

【日本の友人から贈られたという「壽」の字を切り抜いた金製のペンダントを大切そうに見せながら「これを身に付けていると、本当にしあわせがやってくる感じがするから不思議です。いまでははなせぬお守りになって、出産で病院に行ったときにもしっかり握りしめていました。比較的安産だったのも、そのおかげかしら」と笑った】

「出産で15kgも体重が増えたわ」と笑顔で取材に応じたというチャスラフスカのコメントは、初めての育児に四苦八苦しながらも、幸福感に満ち満ちていた。一方で、チェコスロバキアにいても、日本を忘れることなく、どこか心のよりどころにしている様子がうかがえる。

しかし、チャスラフスカの屈託のない様子を伝える報道は、この記事を最後に見られなくなる。

その約1カ月後の一九六九年十月二十二日、ロイター通信がこんな記事を世界に打電した。

【チェコスロバキア体操協会は22日、メキシコオリンピックの女子体操競技で総合優勝したチャスラフスカさんを、昨年の「二千語宣言」に署名したとして非難した】

幸せの絶頂にいたチャスラフスカの周辺で、いったいどんな変化が起きていたのか。

日付は定かではないという。ラトカを胸に抱いていた時、ラジオから流れてきた演説に彼女は耳を疑った。

【共産党集会の演説がラジオから流れてきた。「自分と同じように〝プラハの春〟と決別して、占領を受け入れれば、現実社会主義の世界で平和に暮らすことができる」。フサーク（第一書記）の演説の後、長い長い拍手が続き、チェコスロバキア共産党万歳！の声が聞こえた。これは前の第一書記の時代にはなかったことで、〝プラハの春〟の終わりを感じた】（『オリンポス山の人生』）

このラジオ放送はチャスラフスカを幸福の絶頂から深い絶望へとたたき落とした。その場にしゃがみ込むほどの衝撃を受けたという。当時の心境を後にこう話している。

【魔女狩りがはじまっていることを意識しました】（『チャスラフスカの証言』）

一九六九年十一月二十一日付の産経新聞にチャスラフスカの近況を伝える記事を発見した。長女ラトカをあやす、夫オドロジルとの仲むつまじい写真が添えられているが、記事の最後は彼女を取り巻く厳しい状況にも触れていた。

【チェコの自由化運動の柱となった「二千語宣言」にサインしたため、責任を追及されているとも伝えられているが、一家に平和な日々が続くことを祈りたい】


平和な日々は続かなかった。

共産党の体制派の人間にとって、チャスラフスカがいかにスポーツの世界で偉大な功績を残したかは、もはや評価の対象から消えていた。むしろ、国民の絶大な人気と支持を誇るがゆえに、彼女の信条や言動は大きな影響力を持つ。そこに危機感を感じていたのだろう。つまり、何に署名したかだけが、重要な判断材料になっていた。

チャスラフスカは政府から『二千語宣言』の署名撤回を執拗に迫られるようになった。内務省に呼び出され、車で連行された時のことを、彼女は次のように語っている。

【「突然、私は気がつきました。これは何という不当な仕打ちなんだって。この国のために、私はあんなにも多くのことをして、あんなに多くのメダルを獲得し、一番高いポールに、あんなに何回も国旗をかかげさせたのに、この連中が、今、私を囚人のように引きまわしているなんて！」彼らはチャスラフスカを大臣室へ連れて行き、ふたたび堂々めぐりがはじまった。「署名を撤回せよ、さもないと裁判にかける」――。まさに脅迫、脅迫そのものだった】（『チャスラフスカの証言』）

一九九〇年三月にチャスラフスカが来日した際、私は当時のことを彼女にじっくりと聞いている。

――お嬢さんと一緒に連行されたこともあったと聞きましたが。

「『二千語宣言』への支持を撤回しない限り、私には自由は与えられなかったのです。5年間、私は外部との接触さえ禁じられ、さまざまな圧力、尋問……。私はもらえる仕事ならどんな仕事でもやる覚悟でした。でも労働すること自体を許可してもらえなかった」

――最も辛かったのは、どんなことでしたか。

「仕事がないことは辛いことでしたけど、周囲の態度がずっときつかった。道で会っても人が顔を背けるようになりました。続々と『二千語宣言』の署名者が自己批判して撤回していく中、私が署名を取り消さないことを国中の誰もが知っていたので。自分の家にいながら、牢獄《ろうごく》に暮らしているようでした」

——それでもあなたは署名を撤回しなかった。その勇気というものについて聞かせてください。

「勇気、オドヴァハ、オドヴァハ……いつも面白い質問をするのね。簡単には言えません。それほど私なんか勇気がある方ではありません。むしろ私の勇気は自分の良心に背く恐れから生まれたんでしょうね。例えばコミック雑誌や童話の主人公のように（笑い）初めから勇気を持っている人なんて極めて稀だと思う。ただ、私は自分自身を裏切ることはただの一度だってできない」


チェコスロバキア政府による署名撤回への要求は執拗だった。チャスラフスカは40回以上もさまざまな組織から呼び出された。しかし、どんなに長い尋問や恐ろしい脅迫にも、意志を変えることはなかった。


チェコスロバキア政府が情報管理していたという背景もあるのだろう。その頃のチャスラフスカの追い詰められ、切迫した状況は、ほとんど日本に伝わってこなかった。

一九六九年十二月の日本の新聞にはさほど大きな記事ではないが、チャスラフスカの名前が何度か出てくる。内容は「チャスラフスカがプロ転向」「日本と西ドイツでエキシビション計画があり、近く来日」。さらには「日本の音楽事務所と契約してCMに出演内定」など、1年前のメキシコ五輪の余韻さめやらぬ、華やかな話題ばかりだった。日本だけではない。米国ハリウッドの映画会社から高額な契約金が提示され、チャスラフスカを主役にした映画制作の話が持ち込まれたりもした。

しかし、それらを実現するために、チェコスロバキア政府が出した条件はすべて同じだった。『二千語宣言』の署名撤回だった。

チャスラフスカは体操連盟と、所属していた「ストラシュニツェ赤い星クラブ」からも除名され、体操のコーチさえもできなくなった。つまり、体操界から追放された。

体操以外の仕事、例えば店員や事務員などの仕事に就くことさえ、政府は許さなかった。五輪で計7個の金メダルを獲得し、国内だけでなく世界的にも絶大な人気を誇るヒロインが、そんな一般人と同じような仕事しかさせてもらっていない、ということが国外に漏れることは、対外的にも不名誉で共産主義を批判されかねないと考えたからだった。

私が二〇一四年三月にインタビューをした時に、困窮を極めていた頃の生活について、チャスラフスカはこう明かした。

「名前を偽って掃除婦の仕事をしていたんです。スカーフをかぶって変装して、誰も私だと分からないようにしていたのです」

そして、その頃の彼女の立場がよく分かる、あるエピソードを話してくれた。

「ある日、政府に呼び出されて『これを覚えろ』と言われました。日本語の長い挨拶文でした。大阪万国博で使うのだと言われました。私のために高価な金と銀の刺繍《ししゅう》が胸に施された、素晴らしいワンピースも用意されました。それを着て、私はカメラの前に立ちました。そして、『日本の皆さん、こんにちは。チェコスロバキア館にようこそお越しくださいました。私が案内役のベラ・チャスラフスカです』と始まる長いスピーチをしました。ところが、撮影が終わった瞬間、関係者が『そのワンピースをすぐに脱いで、返しなさい』と言うのです。『盗まれる可能性がある』と。『ありがとう』や『お疲れさま』のひと言さえありませんでした。

チェコスロバキアの顔として私を利用しておきながら、仕事が終わるとすぐに、国の一番の敵へと引きずり落としたのです。何の謝礼もありませんでした。せめて、あのワンピースはもらえると思っていました。でも利用されただけでした。まるで地下の牢屋から舞台に立たされ、用が済んだらまた牢屋へ戻されたようでした。本当に辛かったし、悲しかった」

私はプラハでこのエピソードを聞き、日本に帰国してから、一九七〇年の大阪万博の資料を探した。世界77カ国の国が参加し、総入場者数6400万人以上という歴史的な大イベントだった。巨大な資本を投下した豪華なパビリオンと展示物で話題を集める米国やソ連などの大国に対抗して、チェコスロバキア館では世界最高芸術と言われる映像技術を駆使した独特の立体劇場「ラテルナ・マジカ」を上演することになった。「ラテルナ・マジカ」のキャッチコピーは『人が飛び出す魔法のスクリーン』で、舞台の出演者が突然、映像の中に現れたり、映像の中の出演者が舞台に登場するなど、舞台とスクリーンで出演者が入れ替わるという、最先端の映像技術を芸術と組み合わせた、国際的にも高く評価されている立体劇場だった。

大阪万博で「ラテルナ・マジカ」に注目してもらうために、どうしても日本で圧倒的な人気を誇る、チャスラフスカの知名度が必要だった。

古い新聞の中に、チャスラフスカの来日を報じる複数の記事を見つけた。

【大阪吹田《すいた》の万博会場で公演するチェコスロバキアの立体劇場ラテルナ・マジカに出演するため、チャスラフスカ夫人は三月七日に空路来日。ただちに大阪入りする。9、10、11日の3日間、札幌、東京、長崎、広島、鹿児島を歴訪。ラテルナ・マジカ万博公演のプロモーションをかって出るほか、12日会場内娯楽広場の同劇場で行われる開館式に出席。報道陣に全プログラムを紹介する。（中略）同劇場事務局の話では、同夫人は4月3日に行われるチェコスロバキア・ナショナルデー式典にもスヴォボダ大統領とともに出席、花を添えることになっている。（中略）4月10日ごろまで滞在する】（一九七〇年三月一日付、スポーツニッポン）

この記事は来日予定日の6日前に書かれたものである。しかし、結局、チャスラフスカの出演は映像の中だけで、実際に本人が日本の舞台に姿を見せることはなかった。

この状況から推察すると、チェコスロバキア政府は当初、ラテルナ・マジカのプロモーションのために、チャスラフスカを日本へ派遣することを計画していた。当時、彼女の生活は困窮を極め、彼女が署名を撤回しないことで、軍隊に所属していた夫のオドロジルの立場も厳しいものになっていた。そんな状況を踏まえて政府は、署名撤回の日も近いだろうと考え、日本のメディアに来日予定を伝えたのではないだろうか。

しかし、そんな政府の見通しに反して、チャスラフスカはまったく意志を曲げなかった。


その大阪万博が開幕して1カ月ほどして、チェコスロバキア館で思わぬ事態が起きた。「チャスラフスカのような美人ぞろい」と評判だったチェコスロバキア館のホステスたちが、突然、姿を消したのだ。情報を集めると、どうやら、彼女らは亡命をほのめかしたことで、ソ連館の地下に軟禁されていたようだった。その後、彼女らに帰国が命じられる。その事件を五月二十四日付の毎日新聞がスクープしている。

【万国博チェコスロバキア館のチェコ人ホステス9人のうち6人が24日朝、突然帰国することになった。チェコ館当局は「経済的理由によるもの」としているが、関西の治安当局が入手した情報によると、帰国が決まったホステスたちが亡命の可能性を関係機関へ打診した事実があり、治安当局はチェコ人ホステスたちが亡命を計画して失敗したのではないかと見ている。（中略）ホステスたちは数日前から万国博会場で働いていると見られるカナダ人女性らに「カナダに亡命したい」ともらしていた】

毎日新聞は翌二十五日付の記事で、大阪港でソ連観光船グレゴリー・オルジュニキーゼ号に乗せられて、泣きながら帰国の途に就くホステスたちの写真を掲載した。チェコスロバキア側は帰国理由について「予想以上に多い日本人客のために日本語のうまいホステスとの交代」だと公式発表した。

チャスラフスカの来日中止と、ホステスの亡命失敗……大阪万博での出来事は、まさに国民の信用を失い、混迷を極めていた当時のチェコスロバキアの政情不安を象徴していた。

ちょうどその頃、チャスラフスカは自らの置かれた立場に対して、我慢の限界を超えようとしていた。そして、状況を打開するために共産党中央委員会のグスタフ・フサーク第一書記に直接、手紙を送った。

フサークは「プラハの春」で政界に復帰して、副首相の座に就くなど、改革派の中枢にいる人物だと思われていたが、ソ連と東欧4カ国からなるワルシャワ条約機構軍による軍事介入後は、改革派から離れて、ソ連側に立場を大きく変え、まるでソ連の代理人のようになっていた。一九六九年四月にドゥプチェクに代わって共産党第一書記に就任してからは、いわゆる「正常化政策」という名のもとで、改革派や反体制派への弾圧を強めていた。

しばらくして、チャスラフスカに共産党中央委員会の建物にくるように連絡がきた。

【フサーク博士は、まず最初に、彼も人気のないことを、たくさんしなければならず、そのために多くの友人に非難される情況にあるのだと、私に説明しようとしました。それでも、仕事のためには、そうしなければならないのだということを。それはとても知的な話し方だったので、たいがいの人は、つい負けてしまって、自分も同じように何か「人気のない」ことをしましょうと約束したのかもしれません。でも、私は、はっきりと言いました。「八月の各国軍隊のチェコスロヴァキアへの侵入が、兄弟国への援助だとは、私は受け取りません。私が生きているかぎり、誰も私のその考え方を変えさせることはできません。もしも、兵士たちがわが国に合法的に入ってきたのなら、そして、まるで押し込み強盗のように、闇のベールに隠れて侵入してきたのではないのなら、それを援助と認めることを考えてもいいのですが」（中略）私は執務室から満足して出てきました。自分の意見を述べるのを恐れなかったからです】（『チャスラフスカの証言』）

24年前に出版された本の中の彼女の「チェコスロバキアへの侵入が援助だったとは受け取れない。私が生きている限り、誰も私の考え方を変えることはできません」という発言に、私は心を打たれた。時の最高権力者を前にしても、少しも臆することはなかった。そして、彼女のその揺るぎのない信念には、「最も悪いことは死ではなく、誇りを失うことだ」と考える日本のサムライの精神と通じるものがある、と思った。

そのことを、私はチャスラフスカに直接伝えてみたかった。

二〇一四年三月、72歳になったチャスラフスカははるか彼方《かなた》を見るように視線を遠くに投げて、なぜか口元に少し笑みを浮かべて言った。

「私は東京オリンピックの時に、サムライの刀をもらっています。代々継承されたサムライの魂です。その魂をもらったのだから、私もサムライの子孫です。背くことはできないのです。一度決めたことは曲げない。共産党の幹部は私のことをサムライだと知らなかったので、あらゆる実験をしました。〝仕事を与えなければ経済的に困るので気が変わるかもしれない〟とか〝恐ろしい話をすればおびえて気が変わるかもしれない〟とか〝立場を変えれば、いい生活ができますよ〟と誘惑してきたこともありました。私の親しかった友人を使って〝子供のことを話題にすれば気が変わるだろう〟とか。私の親しかった友人を使ってすべて無駄でした。実は私は一九六八年の冬、最後のエキシビションのために来日した際、当時の京都市長さんからカブトももらっています。戦いに必要な装備はすべて整っていたのです。だから闘い抜けたのです」

すでに40年近い、長い時間が経過していることもあり、今のチャスラフスカには困難を極めた時代も、ユーモアを織りまぜて振り返る余裕があった。

五輪という世界最高峰の舞台で、幾度も栄冠を勝ち取ってきた自信とプライドが、チャスラフスカの揺るぎない心の根幹を担っていることは間違いないが、私はそれ以上に、それまでの人生で身に染み付いたフェアプレーの精神、そして日本人との関わりの中で育まれた、武士道精神を感じさせる厳格さや潔さ、人間愛といったものが、すべて凝縮されて、彼女の折れない心を、しっかりと支えていたように思えてならない。

もっとも、フサーク第一書記はその後、一九七五年に大統領にも就任し、一九八〇年代後半までチェコスロバキアの最高権力者の座に長く君臨する。

チャスラフスカの長い絶望の時代は、もうしばらく続くことになる。

2　野に銃は捨てず……

チャスラフスカ以上に〝プラハの春の顔〟とされ、『二千語宣言』に署名していたチェコスロバキアのスポーツ選手に陸上のエミール・ザトペックがいる。

彼は一九四八年のロンドン五輪で1万mを制し、5000mで銀メダルを獲得。続く一九五二年ヘルシンキ五輪では5000m、1万m、マラソンの長距離3種目ですべて金メダルを獲得する偉業を達成した、「人間機関車」の異名でも有名な、世界的な名選手である。

現役時代は「ナイフを刺されたままで走っているようだ」と形容された、苦しそうな表情で走る姿が印象的だったが、一方で強靭《きょうじん》な脚力と無尽蔵のスタミナを誇り、「上半身と下半身は別の人格のようだ」と言われた独特の走り方でも注目されたランナーだった。

一九二二年生まれの彼はチェコスロバキアの英雄であり、一九五七年に引退してからは国防省の陸軍大佐、チェコ体育文化連盟中央委員という要職に就いていたが、一九六八年の「プラハの春」で自由化を訴える『二千語宣言』に署名したことで、後に軍や党から追放された。

彼はそれでも、自由化促進大会での意気盛んなリーダーとして「自分に従わないものを力で押さえ付けようとしている」と、ソ連やチェコスロバキア保守派への批判を続けた。

しかし、一九七一年七月に彼はその態度を変えたと言われている。

【ルデ・プラーボの記者とのインタビュー記事で明らかにされたところによると、ザトペック氏は、1968、1969年の両年にとった自己政治的態度は、社会主義世界を危機に陥れかねない、炎に油を注ぐものだったと自己批判した。同氏はまた『二千語宣言』に署名するとき、すでに〝これは価値ある行為ではない〟と感じ、そのしばらく後に『二千語宣言』に盛り込まれたことがらがすべて実現すれば、破局がもたらされ、社会主義は災厄をこうむると判断するに至った、と述べている。ザトペック氏はさらに、フサーク政権下でもたらされた〝正常化〟について〝以前に比べて平穏かつ、安定した現状に反対するいわれはない〟と支持の態度を表明した】(ヘルシンキ共同、一九七一年七月二十日)

この記事を読んだチェコスロバキアの改革派や反体制派、そして現体制下で抑圧されていた国民たちは、〝正常化〟の波がついに〝自由化〟の闘士にまで及んだことを嘆き、悲しんだと言われる。

ザトペックは二〇〇〇年十一月二十二日に78歳で亡くなった。その1年半ほど前にノンフィクション作家の後藤正治氏が著書『ベラ・チャスラフスカ　最も美しく』の中でインタビューをしている。『二千語宣言』を撤回したことを尋ねた後藤氏に彼はこんな答えを返している。

【「私は陸上競技の選手だった。海外の遠征にも出かけて行った。その意味で政府には感謝してきた。二千語宣言に署名をしたけれども、それまで政治の活動にたずさわってきたわけではないし、国家転覆を意図したわけでもない。ずっとスポーツをしてきただけなんだ。……一九七一年だったか、スポーツマガジンの雑誌記者が訪ねてきたおり、インタビューでそのような意味のことをいった。署名を撤回すると答えたわけじゃない。それだけのことだ」】

実は当時、署名を撤回しない著名人に手を焼いた政府当局は「『二千語宣言』の署名は間違いだったと言明しなくてもいい、ただそれらしいことを、あるメディアに言えばいいんですよ」という甘い言葉で執拗に迫ったと言われる。

ザトペックは投獄や迫害を逃れ、何年かの沈黙の後、時計の針を巻き戻すように、何事もなかったように現実社会に戻り、平穏に暮らし続けた。

そのことを私は一九九〇年に来日したチャスラフスカに直接聞いたことがあった。

——同じような弾圧を受けた俳優や芸術家には署名を撤回した人や、撤回はしなかったが亡命した人も沢山いました。それほど虐げられた生活を強いられたようですが、あなたはなぜ踏みとどまることができたのでしょうか。

「そういう人たちを私は非難しないし、できない。何しろ本当にすさまじい圧力でしたから。仕方なく家族や友人のために撤回せざるをえなかった人の事情も分かります。家族を持ちながら撤回しないでいた私は幸運だったのかもしれないです」

私の質問に半分は答えてくれたが、結論部分は何となく言葉を濁したようだった。どこか答えにくそうだった。

一九九二年に来日した際、私は少し角度を変えて、同じ質問をした。

――人間が「発言」と「行動」を一致させることはとても難しいことです。チャスラフスカさんが「発言」を最後まで諦めずに貫けた理由は何でしょうか。

「一つには私を信頼してくれた世界中の人たちにもらったエネルギーが、私に力を与えてくれました。体操連盟を除名されて傷ついていたし、ショックもあったわ。でも何百通という激励の手紙をいただきました。手紙は何kgもの重さになりました。私の国では諦めることを『野に銃を捨てる』と言います。私は競技中も決して最後まで諦めませんでした。野に銃を捨てなかった。人生もスポーツも同じだと思っています。そして、人生にはスポーツ以上に多くの敵がいます。いつも闘っていかなければと思っていました」

「ザトペックは転向した」という表現を使って、多くのメディアが報じた。果たして、その表現は正しかったのだろうか。仕事を奪われ、軟禁されたような生活が、いつ終わるともなく続く。親しかった友人は離れていき、愛する家族までさげすまれた目で見られる……そうなった時、人はどこまで強く生きられるのか。迫害の日々が続く中、裁判にまでかけられる事態に追い込まれて、やむにやまれずザトペックは『二千語宣言』に書かれた理想とする自由を諦めたのではないか。積極的な転向というよりも、諦めるという消極的な理由で、首を縦に振るというよりも、横に振り続けることを停止したように思える。

そう考えると、ザトペックの翻意を、私たちがどうして批判できるだろうか。しかし、それでもなお、私はノドにつかえた小骨のように、心に引っ掛かるものがある。ザトペックは確かに栄光の地位から転落した。絶望的な生活に精神的にも追い詰められた。だが、同じような境遇にあったチャスラフスカは最後まで諦めずに、どんなに辛い時にも決して自分の意志を曲げず、立場を明確に表明し続けたではないか。

二人の間に、私は歴然とした違いを感じる。

チャスラフスカには静かだが、誰にも手を出すことのできない、滾《たぎ》るような魂があった。情念と言い換えてもいい。彼女から離れていった人たちは、もしかすると自分にはないチャスラフスカの形容しがたいほどの強い心に、むしろ自らの後ろめたさを感じて、目を背けていたのかもしれない。

その時代、チャスラフスカは体制派の人々から「チェコの黒い羊（やっかい者）」と揶揄《やゆ》されていたという。

一九六九年生まれの長女ラトカは、まだ幼かったのだが、よほど印象が強かったのだろう。当時のことをよく覚えていた。

「母と外を歩いていて、知り合いだと思っていた人が急に道を曲がったり、挨拶を返してくれなかったりしました。母は政治に関する話題をする時には、家中の水を流しました。キッチンやシャワー、洗面所の蛇口をすべて開いて、ジャージャーと音をさせるのです。幼い私はなぜそんなことをするのか理解できませんでしたが、後で盗聴の録音を防ぐためだったと知りました」(二〇一四年三月)

仕事は与えられず、信用していた人たちが次々と去り、まるで軟禁されたような息苦しい日常生活。ラトカの記憶からもチャスラフスカの孤立が深まっていたことがうかがえる。そんな絶望的な日々を、彼女はいったい何を心の支えにして生きていたのだろうか。私は一人の人間として、それが疑問だった。そして、意外な答えが続くラトカの証言から明らかになった。

「半分は遊びだったのかもしれませんが、あの頃、家ではお箸《はし》を使う練習をしていました。料理をお箸で食べることもありました。母は日ごろから日本について、私たち子供だけではなく、チェコの国民にとってもお手本になる国だと言っていました。母の好きな歌は『上を向いて歩こう』でした。〝涙がこぼれないように〟とよく歌っていました。日本人は我慢強くて、どんなことがあっても失望せずに前向きに考える。大きな地震や事故に遭っても、どんなに辛い時にも希望を失わない人たちだと聞かされていました。チェコ人はすぐに失望してしまう傾向があります。ちょっと失敗すると、もう辞めた方がいい、もうどうしようもない、もう何ともならないと諦めてしまう。ですから母は日本人をお手本にしよう、日本の文化をもっとチェコ人は勉強すべきだと言っていました。母の中には日本人的な考え、ものの見方が、本人も気が付かないくらい、すでに溶け込んでしまっているようでした。

そして、家には日本刀もありました。日本刀は日本のサムライが常に腰に差しているもので、非常に魂のこもった価値のあるものだと教えられました。母は時々袋から出して見ていたようです。日本の茶道は私も大好きです。今も参加できる時はチェコでも茶道をやっているんです」(二〇一四年三月)

この証言を聞いて、私は確信した。チャスラフスカの心を支えていたのは、体操競技を通じた交流の中で見てきた、日本人たちの姿だったのだと。どんなに重圧のかかる試合の前でも明るさを失わず、どんな状況でも自分の意志を貫き通し、決して希望を失わない人たち……。東京五輪前年に世界中で流行していた坂本九が歌う『上を向いて歩こう』が、〝上を向いて歩こう、涙がこぼれないように〟という歌詞であることを聞いて、これは日本人の精神なのだと感心したという。その歌を思い出して、彼女はこの時代、自分の応援歌にしていたのだろう。

そして、あの大塚隆三から贈られた日本刀が放つ魂の光を見て、サムライの心を胸に刻み込んだ。東京五輪後、敬愛する日本人のことをもっと知りたいと思い、あらためて日本の文化について勉強した。そこで日本刀は精神的な要素が強く、武士の魂がこめられていることを知った。失敗しても諦めずに、再び大技を成功させた自分の姿に感銘を受け、家宝を惜しげもなく差し出してくれた大塚隆三の覚悟を考えた時、自分が今ここで諦めるわけにはいかないと思ったのではないだろうか。

チャスラフスカも自分の立場をよく理解していた。かつての友人や知人と親しく話をすれば、その人が自分との関係性を疑われて、迷惑をかけてしまうことになる。彼女は一人で絵を描くようになっていった。

このチャスラフスカの描いた絵については、日本絡みの後日談がある。二〇一四年三月、72歳になるチャスラフスカが、「もう話してもいいでしょう」と言って、私に明かしてくれた。

「日本のある大企業の社長さんが私の状況をどこからか聞いて、サポートを申し出てくれました。私が一番最初に描いたのは、下手だったのですが満開の桜の木の絵だったのです。その社長さんがぜひ買いたいと言ってくれました。そして彼の提示金額は何と当時の高級車1台と同じ金額だったのです。ありがたかったのですが、私は恥ずかしくて、そんな大金をこんな下手な絵にいただく理由はないと断りました。父は『よくやった。この絵が将来、もっと大変な高額になるかもしれないからね』と笑ってくれました。でも、その後ずっと絵を屋根裏に置いていたので、もうねずみに食べられてしまったかもしれません（笑い）」

私は彼女の話の中に出てきた「満開の桜の木の絵」という言葉を聞いた時、メモをする手が止まった。彼女はそれを特別に強調したわけでもなく、会話の中でさりげなく口にしただけだった。しかし、私には気になった。孤独になって、最初に描いた絵の題材が、なぜ満開の桜の木だったのか。桜は古い時代から日本を代表する花であり、日本人が最も愛する花でもある。チャスラフスカもそれを知っていた。私はチャスラフスカが以前、日本の童謡『さくらさくら』を口ずさんだという話を聞いたことを思い出した。

彼女が「絵を描こう」と思い付いた時、最初に「満開の桜の木」を題材に選んだのは、決して偶然などではない。チェコスロバキアでどんなに自分が虐げられても、きっと日本人は自分を裏切ることはない。きっと日本人は自分のことを理解してくれるに違いない。そんなすがるような思いで、あの楽しかった懐かしい日々を思い出し、「満開の桜の木」を描こうとしたのではないだろうか。

仕事もない、辛い生活の中でも、チャスラフスカは小さな希望だけは持ち続けた。絵を描く他に、ある日、メキシコ五輪の前まで通っていたプラハにある国立カレル大学体育学部に復学することを決意する。幸いにも大学の教授たちは復学を了承してくれたが、最初の試験で想定外の出来事が起きた。

「試験の種目はいろいろありました。水泳やスケート、自転車など。ほとんどパスしたのに体操で落ちたのです（笑い）。私はそれまで女子の段違い平行棒をやってきたのに、試験は男子の平行棒を使って行われました。それは私には初めてでした。五輪の七つの金メダルなんてまるで通用しませんでした。試験官から『いくら金メダリストでも、もう一度練習してきなさい』と厳しく採点されたのです」（二〇一四年三月）

過去の栄光や実績はまるで考慮されなかった。そのフェアな考え方が、チャスラフスカには嬉しかったという。

「あれはまぎれもない武士道精神だと思いました」

苦境の中でもふさぎ込まず、どこかに楽しみを見い出すことができる、彼女のこのどこか楽天的なメンタリティーも、長期間に及ぶ迫害の日々を乗り越える、一つの要因になったのではないだろうか。

一九七〇年代に入ってから、チェコスロバキアでのチャスラフスカの不幸な境遇が、日本にももれ伝わってくるようになった。

一九七二年のミュンヘン五輪ではミュンヘン市長が往年の名選手を世界中から招待する公式行事を企画。チャスラフスカにも招待状が届いた。チェコスロバキア政府は世界での体面を保つため、これを渋々了承した。

偶然にもミュンヘン五輪を観戦するためドイツを訪れていた中村多仁子も、この市庁舎での昼食会に参加した。知人のドイツ人、ダックス夫妻がミュンヘンの財界人で、ぜひ東京五輪の体操女子団体の銅メダリストでもある中村多仁子もその昼食会に参加させてほしいと、市長に申し入れてくれたのだという。

あのメキシコ五輪以来4年ぶりとなるチャスラフスカとの再会への期待感から、中村は早めに控室を訪れた。「タニコ！」。すぐにチャスラフスカに名前を呼ばれた。彼女は椅子から立ち上がると、中村の肩を抱くようにして、周囲のメダリストたちに紹介してくれた。

「こちらがザトペックさん、お隣はオーエンス夫妻、あちらが孫《ソン》基禎《ギジョン》さん、そしてマラソンのアベベさん」

しばしの歓談後、市長が現れて、中村をあらためて招待者に紹介した。

公式な場だったこともあり、中村はチャスラフスカとあまり自由な会話はできなかったが、「国外との電話が通じないこと。ドイツに来るにあたっては家族をチェコに置いてゆくことなどの条件がつけられていること。仕事には就けずにいること」などの厳しい境遇を耳元で伝え聞いたという。

周囲の目もあるため、中村もあえて政治的な話題などの、こみ入った質問は控えたが、自由のないチャスラフスカの境遇を考えると、どうしていいのか分からなかったという。

「何とか無事でいてほしい。生活環境がいい方向に向かってほしい」

それだけ言ってチャスラフスカを抱き締めて別れたという。


チェコスロバキアに帰国してからも、チャスラフスカは名前を変えて階段掃除を続けた。一方で職を求めて毎年、共産党中央委員会のアントニーン・ヒムル議長へ、仕事のあっせんの申請は続けていた。

一月初旬に「仕事はないでしょうか」と申し出ていたが、毎回「今はまだその時期ではない」と断られていた。それでもチャスラフスカは諦めなかった。そして5年目の一九七四年、ある奇襲作戦を考えた。

けばけばしい色のエアロビクスで着用するようなレオタードを着込み、それをコートで隠して議長のところに出向き、部屋に入るとコートを脱ぎ捨て、彼と対峙《たいじ》したのだ。

ヒムル議長はひどく驚いていた。

【「いったい、君は何を着ているんだね？　それが、今流行の服なんですか？」

チャスラフスカは婉然《えんぜん》とほほえみながら答えた。

「今年こそは、お仕事をくださるとおっしゃっていたから、こうやって労働服できたんですよ」（中略）「私は、長いあいだ、辛抱してきました。でも、もう我慢しません。もしも、今度も私が仕事を得られないのなら、世界じゅうにそのことを伝えます」】（『チャスラフスカの証言』）

彼女は意表をつく作戦と、粘り強い交渉力で、ついに共産党中央委員会の議長に勝利を収め、非公式ながら体操のコーチの職を得ることに成功した。

チャスラフスカが大胆な行動に出た裏には、切羽詰まった事情もあった。一九七四年八月に大学を卒業すると、その3週間後に二人目の子供の出産が予定されていたのだ。

同年末、実に5年ぶりに仕事に就いた。もちろんトップ選手のコーチではない。ジュニア数人と初心者に近い子供たちの指導だった。それでも彼女は「体育館にいられるようになっただけでも、本当に嬉しかった」という。

3　友情と男気

一九七〇年代に入ると日本でも、チャスラフスカのチェコスロバキアでの境遇が心配されるようになった。一九七〇年の大阪万博への来訪が直前に中止になり、報道された芸能事務所との契約も実現に至らなかった。さらに『二千語宣言』の起草者の作家、ルドヴィーク・バツリーク氏が裁判にかけられるという報道もあり、チャスラフスカを取り巻く状況も厳しさを増しているであろうことが、日本の友人たちにも想像できた。

一九七二年のミュンヘン五輪で中村多仁子がチャスラフスカに会った時の様子は、日本の体操仲間にもすぐに広まった。元気ではいたが、国内では外部との連絡を禁じられるなど軟禁状態にあり、その厳しい状態が改善されるめどもない……。

チャスラフスカは一九六二年十二月の初来日以来、一九六八年十二月の引退公演まで6年間に5度も来日していた。東京五輪も含めて毎年のように日本の観客に演技を披露し、体操仲間との親交を深めていた。日本を愛し、日本人を心から信頼していた。そして、日本人もまた彼女のそんな思いを感じ、彼女を愛していた。それだけにチャスラフスカの置かれた状況を考えると、日本の体操仲間たちの胸は痛んだ。

チャスラフスカのために何かできないだろうか。

池田敬子と荒川御幸は、居ても立ってもいられなくなった。池田は一九五四年にローマで行われた世界選手権に初出場し、平均台で日本女子初の金メダリストとなる。東京五輪でも日本のエースとしてチームを牽引した。荒川は一九六〇年ローマ、一九六四年東京、一九六八年メキシコと五輪3大会で日本女子のチームリーダーを務めていた。二人ともチャスラフスカとの付き合いは長く、親交も深かった。

二人は一九七〇年代の中頃、それぞれ別々に、厳しい情勢の中で実際にチェコスロバキアまで出向き、チャスラフスカのもとを訪れた。すでに40年近くも前のことで正確な日時ははっきりしないが、いずれもチャスラフスカの身を案じての行動だった。

当時、厚生省（現厚生労働省）関連の仕事をしていた池田は、「健康体力づくり」に関する視察で医療評論家らとともに、チェコスロバキアの老人介護施設や小学校を視察した。その際、チャスラフスカの居場所を捜し出し、自宅に立ち寄ったという。

池田は日体大とドイツのケルン大学との「交換教授」制度で、ケルン大学で授業をしていたこともあり、ドイツ語が少しできた。

一方、荒川はチェコスロバキアのオロモウツ市で開催されたジュニアの大会に同行した時に、チャスラフスカの家を訪問している。

日本の友人の突然の訪問に、チャスラフスカは驚き、感激したという。『荒城の月』などの日本のレコードをかけて、日本での楽しく、充実した日々を懐かしんだ。

当時の日本からの訪問者と、その時の母の様子は、娘のラトカにも強く印象に残っている。

「母がとても嬉しそうにしていたからです。日本から友人がくることを母がとても喜んでいたのが子供心にも分かりました。私はまだ幼くて、日本がどこにあるのかも知らなくて、時々日本人が訪ねてくるので、すぐそばの国だと思っていました。後にとてつもなく遠いところにあることを知って本当に驚きました。一九七〇年代のチェコスロバキアは鎖国のような時代だったのに、なぜか日本人は時々家に来てくれました。池田敬子さんは覚えています。私に髪も目も黒い、とても可愛らしい日本の人形を持ってきてくれました。日本の女性はみんなこんな顔をしているのかと思ったものです。日本に行っ

てみたいと憧れました。お人形は今も大切にしています」（二〇一四年三月）

池田はチャスラフスカの自宅の壁に穴があいているのを発見した。尋ねると、彼女は電話を取り外された時の電話線の穴だと説明し、外部との交信ができなくなっていると話した。また、かつての体操仲間や友人たちが、道で会っても視線を合わせようとせず、自分を避けているという話もした。

池田にはその時に聞いたチャスラフスカのこんな言葉が今も心に残っているという。

「政治家が金メダルを政治に利用してはいけない」

チャスラフスカは盗聴されている可能性にも十分に配慮していた。会話の中でも具体的な名前や固有名詞を口に出すことを極力避けていた。しかし、勘の良い池田には、彼女を取り巻く惨状が手に取るように分かったという。


荒川はチャスラフスカがジュニアの選手のコーチをしていると聞き、再会した翌日に彼女とともに仕事場でもある体育館に出向いた。あのチャスラフスカがどんな指導をしているのか、参考にさせてもらうつもりだった。だが、体育館での光景に荒川は目を疑った。彼女が教えていたのは、ジュニアの選手というより、幼児の体操教室のようなレベルだった。荒川は当時の心境をこう振り返る。

「基礎といえば基礎でしょうけど、こちらとしては驚きました。仮にもチャスラフスカは五輪2大会連続の個人総合優勝者ですよ。7個も金メダルを獲得しているんですよ。それが幼児の体操教室レベルの指導じゃもったいなさすぎるし、何より彼女のキャリアや技量に対しても失礼ですよ」

この時チャスラフスカは荒川の心中を察したようで、こう言ったという。

「これが私の今の仕事。報酬も最低の生活ぎりぎりなんです」

あの世界中を熱狂させるほどの演技をしていた女王が、これほど冷遇されていいのだろうか。どうして……。それでも懸命に幼児に体操を教えているチャスラフスカの姿を見て、荒川は涙が溢れそうになったという。

二人は日本に帰国後、チャスラフスカを救済する何かいい手だてはないか、互いに知恵を絞ることになる。

池田は日本女子体操の先駆者であり、通算10度も全日本王者になった不世出の名選手だった。彼女の主要な成績には「日本女子初」という形容がいくつも並ぶ。日体大3年の、19歳で初出場した一九五四年のローマ世界選手権で、種目別の平均台で金メダルを獲得。日本女子が初めて出場した大会でのいきなりの快挙だった。世界選手権で優勝した女子選手は今も池田一人だけである。その19歳の世界選手権から、32歳で迎える一九六六年のドルトムントでの世界選手権まで、足掛け14年も世界のトップで活躍した。この最後の世界大会となった世界選手権でも個人総合で銅メダルを獲得している。

五輪では独身時代の一九五六年にメルボルン大会に初出場。新婚だった一九六〇年にローマ大会に出場し、そして一九六四年東京大会は男児二人の母親として出場している。

池田は最後の世界大会となったドルトムントの世界選手権で、個人総合で銅メダルを獲得した翌日、ドイツの新聞を見ていて、ひらめくものを感じた。

新聞には、1位チャスラフスカ24歳、2位クチンスカヤ17歳、3位池田敬子32歳で〝表彰台に10代、20代、30代が上がった〟と書かれていた。「ロングタイム」という言葉で長きにわたる選手生活を称《たた》えられた自分の記事を目にしながらも、池田は金髪を三つ編みにしたクチンスカヤに「天使が背中の翼を忘れたようなまぶしさ」を感じた。そして、日本ももっと裾野を広げて、ジュニアの選手から本気で育てなくてはならないと強く思ったという。

「私自身は高校に入ってから体操を始めて、わずか5年で世界選手権で金メダルが獲れたけど、17歳のクチンスカヤの高いレベルを目の当たりにして、体操界の変化、つまりジュニアが主役となる新たな時代の到来を察したんです」

池田の感覚は鋭かった。それから10年後の一九七六年モントリオール五輪で、14歳のナディア・コマネチ（ルーマニア）が完璧な演技で10点満点を連発して、まさに女子体操界はジュニアが主流の時代を迎えることになる。

「ジュニアの育成、養成が重要だといくら説明しても体操協会の反応は鈍くて、とりあえず国際女子ジュニア体操競技会を開催して、ジュニアのレベルを上げていこうと考えました。財界の人たちにも支援をお願いしました。そして、その大会のゲスト解説者にチャスラフスカを呼ぶことを思い付いたのです。そうすれば、チャスラフスカを窮屈なチェコから引っ張り出して、ギャラも払ってあげることができると考えたのです」

池田は日体大の女子体操部の同じ1期生でもある荒川とともに、チャスラフスカを日本に呼ぶ計画を立てた。

チェコスロバキア体操連盟との交渉は難航したが、日本とチェコスロバキアの国際交流の一環と主張して、粘り強く交渉を重ねた。チャスラフスカを何とか助けたい、取り巻く状況を何とか変化させたいという思いだけで、長く険しい交渉を続けた。

池田は同じ広島県出身で、後に総理大臣になる当時の宮沢喜一《みやざわきいち》外務大臣にも協力を訴えた。なかなかスムーズにはいかなかったが、「あくまでスポーツでの文化交流ですよ。政治とは無関係なんです」と主張し続けた。

そして、ついに一九七七年八月に東京で開催される「国際女子ジュニア体操東京大会」に、チャスラフスカがゲストとして来日することが決まった。

夫と子供を国に残しての単身での来日という条件付きではあったが、池田らの粘り強い働きかけが、かたくなだったチェコスロバキア政府をつき動かした。

一九七七年八月二十七日、チャスラフスカが9年ぶりに来日した。金髪を黒のヘアバンドでアップにした髪形は、一九六八年十二月の引退興行の演技の時と同じだった。すでに選手ではなかったが、空港に報道陣が駆けつけるなど、日本での注目度は依然として高かった。

八月三十、三十一日の2日間にわたって行われた大会の会場は、東京五輪で金メダルを獲得した時と同じ東京体育館だった。そして、大会のゲストとしてセレモニーで挨拶をしたチャスラフスカに、五輪の時と同じようにスタンドを埋めた観客から大きな拍手と歓声が上がった。日本人は忘れていなかったのだ。疎外され、虐げられているチェコスロバキアでは考えられない温かい歓迎ぶりに、チャスラフスカは「日本はやはり私にとって第二の故郷だ」と、あらためて日本に親しみを感じたという。

大会にはソ連、西ドイツ、ルーマニアの強国をはじめ、日本、チェコなど8カ国のジュニアのトップ選手16人が出場した。ジュニアとはいえ、久しぶりに直接目にした世界のトップレベルの演技に、チャスラフスカは驚くとともに、時代の変化を痛感したようだった。

一九七七年八月三十一日付の日刊スポーツに、こんな手記を寄せている。

【13年前、同じこの会場で感激的な東京オリンピック金メダルをもらったことがよみが

えります。しかし、そんな感激より、ジュニア競技のよさ、楽しさを満喫しました。(中略)それにしても、私には信じられないくらい、今のジュニアの演技は高度な技を連発しています。(中略)どれをとっても私たちの時代に五輪でやれば金メダルです。(中略)ただ、私は体操の演技はクラシックなエレガントさ、つまり人を感動させるものだと思っています。ジュニアの「コミカルと驚き」の演技が、体操の終着点だとは思っていません。正直言うと私は娘に体操選手になってほしくありません。あまりに小さい子供に難しい演技を求めすぎているような気がします。危険すぎるのです。この大会に出た多くの選手は3年後のモスクワ五輪で再び顔を合わせる主力たちでしょう。彼女たちに言いたいことは「娘たちよ、恋をしなさい」。そして技だけでなく人間としても成長して、本当の女らしさを、感動を伴って、見る人の心に訴えかけるような演技ができるようになってほしいのです。ジュニア体操の『技中心』から脱皮していくには、もちろん大人たちの考えを修正する必要もあるでしょう】

ジュニアの選手たちのアクロバチックな体操を目にして、チャスラフスカはその技のレベルの高さに驚く一方で、現役時代に自分がずっと追求してきた、優雅さや美しさといった体操本来の魅力が失われつつあることを鋭く感じ取っていた。手記を読むと、むしろ、将来の体操の方向性に対する危惧の方が大きかったように思う。

大会中に財界人や彼女と交流のあった元選手たちを集めたレセプションパーティーを、チャスラフスカを囲む会として開催することになった。

荒川はチャスラフスカを、宿舎のパレスホテルに出迎えに行った。荒川の顔を見たチャスラフスカは珍しく困ったような顔をしてこう切り出したという。「アラカワさん、相談があります。このようなパーティーにふさわしいドレスを持参していないのです。どうしたらいいのか……」

その言葉を聞いて、荒川はチャスラフスカの置かれている状況を察し、ハッとした。すぐに彼女を連れてホテルニューオータニにあるブティックへ直行した。そこでチャスラフスカが気に入ったというロングドレスを購入した。荒川は言う。

「あでやかで個性的なロングのワンピースでした。彼女にはとてもよく似合っていました」

当時、大会を主催した全日本ジュニア協議会には、経済界で名を知られた一流企業の社長たちが、理事として名前を連ねていた。「彼女が恥をかかないように整えてあげなければ」と荒川は思ったという。

パーティー会場に向かう直前、宿舎のホテルで身支度をしていたチャスラフスカに、一抱えもある大きな花束が届けられた。贈り主はホテルのフロントに花束を持ってきたという。直接会うことはできなかったが、差出人の名前のない花束には、こんなメッセージが添えられていた。

「あなたの国を想う心に感激しました」

チャスラフスカはその花束と添えられたメッセージを見て、日本人のさりげなく、そして細やかな心配りに、あらためて感激し、涙ぐみそうになったという。

贈り主はいったい誰だったのか。チャスラフスカの来日を知り、宿泊ホテルを探し出し、一抱えもある花束を届ける……。普通のファンの行動とも思えない。親しい知人であれば花束に差出人の名前を明記するだろう。おそらく、贈り主はチャスラフスカと何らかの関わりがあり、彼女の熱烈なファンであり、ずっと彼女のことを気に掛けていた。一方で、自分の名前を書いても彼女の記憶にはないだろうという思いもあったのではないだろうか。

あくまでも想像の域を出ないが、私はこの花束の贈り主は、もしかしたら大塚隆三ではなかったか、という気がしてならない。

今回の大会を支援した一流企業の社長たちには、チャスラフスカの大ファンも多かった。池田は機転を利かせ、日本とチェコスロバキアの親善はもとより、スポーツのさらなる発展と国際親善のためにと訴えて、寄付を募ることにしたという。

池田が当時を懐かしそうに振り返る。

「あの頃は男気というのかな、経済界のそれなりの方々は、みんな打てば響くような感じで、頭を下げて寄付をお願いすると〝よし、分かった〟と、かなりの金額をポケットマネーで出してくれたんですよ。すると他の方々も〝よし、私も〟といい連鎖になったんです。それで当時としてはかなりまとまったお金が集まったのです」

チャスラフスカは日本を離れる時、「ケイコ、ありがとう」と、何度も感謝の言葉を口にしたという。


日本から帰国してからも、チャスラフスカの生活環境に変化はなかった。幼児たちを相手にした体操クラブでの指導と、家族との生活だけに明け暮れる、退屈な日々が再び続いた。相変わらず友人たちは、彼女の姿を見かけると、戸惑ったように顔を背けた。

ただ、9年ぶりに訪れた日本で、チャスラフスカはあらためて自分のことを深く愛し、自分を信じ、自分のために協力を惜しまない人たちがいることが確認できた。そう思うと勇気が湧いて、少し元気が出てきたのかもしれない。

当時についてチャスラフスカは私にこんな話をした。

「私自身も刀を持っているサムライの子孫なのだから、日本人を裏切るようなことがあっては決してならないと思いました。そして、時々袋の中から刀を取り出し、さやから

抜いて、サムライの魂を見つめていたのです」（二〇一四年三月）

4　希望と別れ

日本から帰国して2年後の一九七九年、メキシコからトップ選手のコーチの依頼がきた。メキシコ五輪で金メダルを獲得し、現地でも圧倒的な知名度と人気を誇るチャスラフスカに、白羽の矢が立てられたのだ。しかし、これまで長い間、チェコスロバキア政府から海外への渡航は許されていなかった。ドイツのミュンヘンや日本への渡航は両国の尽力により、特別に許可が出たが、「短期間」「単身」などの厳しい条件がつけられていた。それが、年単位の長期間に及ぶ仕事となれば、まず無理だった。

ところが、今回は政府からあっさり許可がおりた。どこか不可解な部分も感じたが、チャスラフスカは当時の心境をこう振り返る。

「それまでほとんど海外に行けなかったので驚きました。なぜ今回だけ許可がおりたのか、その理由が分からず、少し戸惑いました。でも私はあえて許可が出た理由については追及しませんでした。メキシコは明るくて大好きなところでしたし、今の窮屈な生活から抜け出せると思うととても嬉しかった。この話に乗ろうと思いました。メキシコなら人目をはばかることなく、自分の名前で堂々と働くことができる。夫にもコーチの仕事が用意されていると聞き、幸せな気分で渡航の準備を進めました」（二〇一四年三月）

チャスラフスカがその経緯を知るのは、10年以上もたってからだったという。

「私が大統領府で仕事をしていた時でした。当時の資料を発見したのです。そして、それを読んでとても驚きました。ソ連がキューバに輸出していた石炭が不足したようで、メキシコがソ連に対してキューバに石炭を輸出することを申し出たのです。その条件の中に私がメキシコで体操のコーチをするという項目があったのです」（二〇一四年三月）

慌ただしくメキシコへの出発準備を整えていた時、思わぬ事態が起きた。3歳年下の弟バシェックが交通事故で急逝したのだ。その時のことは『オリンポス山の人生』に詳しく記されている。

【一九六八年八月にソ連が侵攻してきたときに、彼はプラハのラジオ局の前で戦車の上に立ち、ソ連の兵士と猛烈な議論をして、その兵士の目の前でチェコの国旗を振った。ベラはその姿を写真で見たことがあった。弟は体制側から危険人物とされていた。（中略）その後バシェックは拘置所に入れられた。（中略）ところが、釈放された四月に車にひかれて亡くなった】

犯人が捕まることはなかった。事故には不審な点も多かった。チャスラフスカも強い疑念を抱いたが、追及したくても、その手だてもなかった。メキシコ行きも間近に迫っていた。

弟の謎の死という、悲しく、やり切れない気持ちを胸にしまい、チャスラフスカはメキシコへ出発した。家族とともに、新しい生活も再出発できる。期待感は大きかった。ところが、新天地での生活では、また別の新たな問題を抱えることになる。

【メキシコでは家族が一つになれるのではないかという希望があったが、チェコスロバキアにいたときには見えなかった亀裂があらわになってきた。夫のオドロジルは五輪の銀メダリストだったが、メキシコではベラの夫にすぎなかった。ベラはメキシコの人々に〝メキシコ五輪の女王〟として熱烈な歓迎を受けたが、オドロジルは〝女王の夫〟としか呼ばれなかった】（『オリンポス山の人生』）

チャスラフスカはメキシコで三つの仕事を始めた。2種類の体操コーチの仕事と、テレビで毎日放送されることになった『ベラと体操しよう』という番組への出演だった。やりがいのある仕事だった。生活も経済的に安定した。

一方で家族の不幸が続いた。翌一九八〇年に父親が癌《がん》で他界した。一人になった母親もその翌年の一月に脳梗塞で倒れた。後遺症に悩む母親のことが気掛かりだった。2年契約が終了する一九八一年末を控えて、メキシコ側は滞在延長を提案してきたが、チャスラフスカは断ることにした。メキシコ滞在延長を希望するオドロジルとの亀裂はさらに深まっていった。一九八一年に長女ラトカ、長男マルティンを連れて帰国した。その後、プラハの自宅に母親を呼び寄せたが、翌一九八二年にその母も亡くなった。

日本に「好事魔多し」ということわざがある。物事がうまく進んでいる時ほど、意外な落とし穴があるという意味だが、この頃のチャスラフスカが、まさにこれに当てはまるように思う。理由はともあれ政府による長い監視の目から逃れ、孤独で窮屈だった生活からも抜け出して、家族とともに大好きだったメキシコに渡り、希望する仕事にも就けた。その一方で家族に不幸が続き、夫との関係も修復不可能なほどこじれた。ただ、家族の問題以外の部分で、チャスラフスカの周囲では少しずつではあったが、明るい兆しが見えるようにもなっていた。


『二千語宣言』に署名したチャスラフスカを、国内のメディアが取り上げることはほとんどなかった。チェコスロバキアの体操の歴史を取り上げたテレビ番組でも、チャスラフスカの名前は意図的に消された。その番組を見た視聴者から「物理学の歴史番組でアインシュタインの名前が出ないようなものだ」という手紙がチャスラフスカのもとに届いたこともあった。政府の意向はあらゆる方面に影響力を及ぼし、体制に従おうとしないチャスラフスカの存在は隠された。

その頃、国際的な影響力を持つ、ある人物がチャスラフスカを捜していた。国際オリンピック委員会（IOC）の会長に就任したフアン・アントニオ・サマランチだった。

スペイン人のサマランチ会長は、一九八〇年のモスクワ五輪後から二〇〇一年まで20年以上もＩＯＣ会長を務めた。五輪にスポンサーシップや放送権料といった商業主義を積極的に導入し、商業化、拡大化へと大きく舵《かじ》を切ったスポーツ界の最高実力者だった。その独裁的な手法は「拝金主義の権化《ごんげ》」「五輪商人」と批判されることも多かったが、その権力と行動力はチャスラフスカには有効に働いた。

一九八三年にプラハを訪れたサマランチ会長が、チェコスロバキア政府に「チャスラフスカとザトペックに会いたい」と申し入れた。政府は「二人は病気療養中で連絡も取れない」などと取りつくろい、会わせようとしなかった。だが、サマランチは政府より一枚も二枚も上手だった。彼はチェコスロバキア政府が、すぐに了承するとは考えていなかった。そこで「ＩＯＣはチェコスロバキアが世界に誇る素晴らしい二人のアスリートに〝金のオリンピック勲章〟を渡したい」と、政府に伝えるより先にマスコミに発表したのだ。

『オリンポス山の人生』ではサマランチについてこう説明している。

【サマランチはスペインがまだフランコ独裁体制だった頃に、スペイン五輪委員会の会長に就任し、ソ連やモンゴルで大使も歴任した。つまり、体制主義の支配者たちとの交渉術を、よくわきまえていた】

チェコスロバキア政府は国際的にも顔が広く、大きな影響力を持つサマランチとの摩擦は避けたかった。そして、「ＩＯＣが二人に勲章を用意した」と報じられたことを受けて、国の体面も考慮して、サマランチからの申し出を受け入れることにした。勲章の授与で、それまで政府から完全にスポイルされ、長い間、国内のメディアに名前が出ることのなかったチャスラフスカとザトペックの二人の名前が大きく報じられた。タブーが破られたのだ。それまでチャスラフスカの消息も知らなかったチェコのメディアや国民は、彼女が元気でいることを知ることになった。

ＩＯＣの会長からの勲章という〝世界的な評価〟と、チャスラフスカの健在ぶりを伝える報道は、彼女の立場を、大きく変化させるきっかけになった。その後、ソ連の新聞がチャスラフスカのインタビュー記事を掲載した。もちろんスポーツに限定された内容で、政治的なことには一切触れていなかったが、常にソ連の顔色を見て動いてきたチェコにとって、この記事の影響は小さくなかった。チャスラフスカの存在を認めてもいいというソ連のお墨付きでもあった。以後、チェコ国内のメディアも次々とチャスラフスカのインタビューを掲載するようになった。

その後、チャスラフスカはチェコスロバキアのトップ選手のコーチに昇格。欧州体操連盟のチェコスロバキア代表という地位にも就いたことで、なしくずし的に国外への渡航もできるようになった。一九八三年に東京で開催された国際ジュニア体操大会でもチェコスロバキアチームとともに来日している。さらに一九八六年にはモスクワで開催された欧州体操選手権の国際審判員にも抜擢《ばってき》された。

一方でオドロジルとの夫婦関係は、ついに終わりを迎えることになる。『オリンポス山の人生』の中には夫の家庭内暴力の様子がたびたび出てくる。

【身体への暴力は長く続いた。マルティンは裁判所の判事に「以前、母を守るために父の前に立ちはだかったら、殴られたことがあるけど、母を殴るよりも弱い力でした」と訴えた。ラトカも「信じられないやり方で、母を怒鳴りつけ、殴ります」と証言した。やがてチャスラフスカも「常に私を子供の前で侮辱します」と告白した】

子供たちが離婚を提案し、一九八七年一月、離婚届を提出した。一九六八年に世界中の祝福を浴びてメキシコの教会で式を挙げてから19年の歳月が流れていた。

チャスラフスカが人生で初めて味わう敗北感だったのかもしれない。

【二人にとって結婚生活はとても不幸せだったが、ベラは自分で決断した重要な決定は、取り消すことはできないと思っていて、逃げることは敗北だとも思っていた。しかし、最後は子供たちのことを考えて、離婚した方がいいと判断した】(『オリンポス山の人生』)

長女ラトカ、長男マルティンの親権はチャスラフスカが持つことになった。

ラトカとマルティンとの3人の生活が始まった。ふだんはプラハ市内で暮らし、休みの時には遠いモラヴィアのイェセニーキ山地にある自然に囲まれた田舎の別荘ですごした。この国の人々にとっては珍しい習慣ではなかった。小さな別荘はマルティンが友人や近所の人たちの協力を得ながら建てたという。

実はオドロジルと離婚する以前も、一家はイェセニーキに別荘を持っていたが、裁判でその別荘はオドロジルに所有権が認められていた。3人が新たに建てた別荘は、そこから数百mしか離れていなかった。鱒釣《ますづ》りが楽しめる川のあるイェセニーキが大好きだったマルティンの希望を母が尊重したためだ。結果的にその選択が、悲劇的な事件を招くことになる。それはマルティンもオドロジルも、そしてチャスラフスカも想像だにしないことだった。

第5章　光

1　革命とスピーチ

一九八〇年夏、東欧の共産圏諸国に民主化の新しいうねりが芽生えていた。発端はポーランドだった。バルト海沿岸の地方都市で食料品の値上げに反対するストライキが起きた。それをきっかけに、社会主義国初の労働組合「連帯」が結成された。政府は戒厳令を発令し、多くの人々を拘束したが、連帯の運動はやがて民主化運動へと拡大していく。一九八二年、首都ワルシャワでの抗議集会には10万人の民衆が参加。その新しい波はやがて国境を越えて、東欧の共産圏諸国の人々にも影響を及ぼすことになる。

一九八五年に東欧でさらに大きな変化が起きた。共産圏諸国を事実上支配していたソ連の書記長にミハイル・ゴルバチョフが就任した。彼は「ペレストロイカ」と言われる大胆な改革に乗り出し、外交政策も大きく転換された。冷戦体制と言われた東西の対立が緩和されるとともに、共産圏諸国に対する統制が事実上撤廃された。この大きな情勢変化を受けて、東欧諸国では革命の運動が連鎖的に起こり、加速していった。

そして、あの一九八九年を迎える。

六月十八日、ポーランドで初めて自由選挙が行われ、非共産党国家が誕生した。そこで火を噴いた民主化への嵐は、猛烈な勢いで東欧諸国へ広がった。十月二十三日にはハンガリーでも多党制による新共和国が生まれた。さらに八月に起きた、東ドイツ市民の西ドイツ集団亡命事件をきっかけに、東ドイツ市民が大挙して西ドイツを目指すことになる。この流れは止まらず、東ドイツ政府は十一月九日、市民の旅行を自由化すると発表。その直後、市民たちによって東西対立の象徴だった「ベルリンの壁」がついに破壊された。

その歴史的なベルリンの壁崩壊から8日後の十一月十七日、チェコスロバキアでも民主化革命が起きた。

ソ連のペレストロイカ以降、国内では再び民主化の気運が高まりつつあったが、フサーク政権による反体制派の弾圧は続いていた。しかし、周辺の国々で共産党支配が次々と崩壊し、西ドイツへの亡命を求める東ドイツ市民が、プラハの西ドイツ大使館にも押し寄せるようになり、民主化を求める、反体制派の動きも活発化していた。

そのチェコスロバキアの反体制派を代表する知識人の中に著名な劇作家バーツラフ・ハベルがいた。ハベルは一九七七年に人権弾圧に抗議し、表現・信教の自由を訴えた

「憲章77」の発起人の一人でもあった。改革運動のリーダーとして政府から弾圧を受け、合計5年にも及ぶ獄中生活を強いられた。それでも彼の理念と思想は、秘《ひそ》かに民主化を望んでいた国民たちの胸の中で、深く、静かに、そして強く支持されていた。

十一月十七日、人権などを要求する反体制派の市民たちが、ようやく大きな行動を起こした。一九三九年にドイツ軍に抵抗して殺害されたチェコ人学生の50回目の追悼集会の日に、プラハ市内で学生や若者を中心にデモが始まって1万5000人を超える規模に拡大。デモ行進しながら市内のバーツラフ広場へ向かった。そこで公安警察と激しく衝突。無抵抗の学生たちを警察隊は暴力で鎮圧した。

チャスラフスカはその日はイェセニーキの山荘で過ごしていたが、十九日にはプラハに戻った。

バーツラフ広場には連日、人々が溢れていた。大学や劇場は全国規模で無期限ストに突入した。反体制派は合議組織「市民フォーラム」を結成。二十日にはラトカとマルティンもバーツラフ広場での集会に参加し、デモは10万人規模に膨れ上がった。

十一月二十四日、もはやデモを制御できない事態だと判断した共産党中央委員会は、フサーク大統領とヤケシュ第一書記ら共産党幹部全員の辞任を発表。長かった共産党政権が事実上崩壊した。同日18時、バーツラフ広場で「市民フォーラム」代表のハベルが民衆の前で勝利宣言を行った。バーツラフ広場を臨むメラントリフ出版社の建物のバルコニーには、ハベルと、一九六八年の民主化運動「プラハの春」を率いた当時の共産党第一書記だったドゥプチェク、そして、どんな弾圧や批判にも屈することなく、『二千語宣言』への署名を撤回しなかったチャスラフスカが登壇した。彼女自身が壇上でスピーチすることを希望していた。

チャスラフスカはハベルが書いた演劇を見たことはあったが、直接対面するのはこの時が初めてだった。持参したスピーチ文を持って彼の前に歩み出た。その時のことは工藤美代子氏の著書『チャスラフスカの証言』にこう記されている。

【演説をはじめる前に、私は自分で書いた原稿を手にして、ハヴェル氏に長すぎるような気がするから、目を通してくださいと頼みました。するとハヴェル氏は私に答えました。「ヴェラさん、それは自分できめなければいけませんよ」】

チャスラフスカは一九六八年に『二千語宣言』に署名して以来、21年ぶりにチェコスロバキアの公の場に姿を現した。スポットライトに照らし出された上気した彼女の顔は、テレビを通じて日本をはじめ、世界中に放送された。

『チャスラフスカの証言』に、スピーチの全文が掲載されている。

【わたしは、発言の機会を自分で要請しました。

わたしは、十一月十七日にプラハで起こったことに抗議します。残虐行為や暴力は、理性ある人びとのすることにはなり得ません。

わたしは、学生たちとともに団結します。かれらの要求は、時代と情況にとって適切だから。

もう何回も、人生の中で――わたしは堂々とした態度と勇気を示さねばなりませんでした――スポーツ選手として、また人間としても。今言わせてもらえるでしょう、わたしは卑怯者《ひきょうもの》ではないのだと！

……しかしわたしは、きょうは恐れています！　子供たちのことが怖いのです！　わたしたちすべて――労働者、芸術家、スポーツ選手、学者、政治家――わたしたち全部の、自分の子供たちが、きょう、町の中に出ているのです！

わたしたちの義務、それは、かれらの味方をし、ささえてやること――すでに勇気を見出《みいだ》したなら――この情況に対して先頭に立つことです！……暴力、おべんちゃら、嘘《うそ》、そして偽善のない生活のために、戦うことです。

友人のみなさん、学生と芸術家のみなさん、すべての若い人たち――わたしは、わたしたちのため、すべての人たちのため、ぜひともお願いします――挑発されぬよう、注意してください！　これまでみなさんは、情況を安定的に支配してきました――あなたたちのデモと振舞は、尊敬に値します！

あらためてくり返します。挑発にのらないでください。そして、挑発者を看視してください！

親愛なるわたしたちの代表者のみなさん、失礼ながら、あなたがたにも申し上げます。対話に入りはじめているのは、よいことです。それは、最初のプラスの一歩です。しかし、わたしたちはみな、よく知っています。きまりとして、さらに何歩もつづかねばならないことを！

わたしは、政治家ではありません。スポーツ界の出身です。それが、わたしの専門分野です。そのスポーツ選手でも——望むと望まざるとにかかわらず——いつかは現役から引退しなければならない時がきます。そしてそのとき大切なのは、自分のなかに、名誉をもって引退するのに十分な力と理性と勇気を見出すようにすることです！　そしてそれは、人生にもあてはまります！

わたしたちのあとにつづく若い世代に、かれらの未来の選択と形成に参加する機会を、与えましょう！】

群衆の嵐のような拍手と歓声が、チャスラフスカを包んだ。

この民主化革命は、チャウシェスク大統領夫妻が銃殺刑となった1カ月後のルーマニア革命のような流血の事態も起きなかったことから、柔らかなビロードの生地にたとえて「ビロード革命」と名付けられた。

実はこのチャスラフスカのバーツラフ広場でのスピーチには、日本人が絡むエピソードがある。

彼女は十一月二十四日の夕暮れ前にバーツラフ広場に到着した。そして、自分で考えたスピーチを手に、指定されたバルコニーを目指した。しかし、広場を埋め尽くす群衆をかき分けて前に進むことは容易ではなかった。なかなか目的の場所までたどり着けない。すると、どこからか声がしたという。当時のことを彼女は私にこう話した。

「日本のテレビクルーが私を見つけて、声をかけてくれたのです。一緒に群衆をかき分けて、前へ進むのを手伝ってくれたのです。もう名前や顔は覚えていませんが、『また日本人に助けてもらった』と温かい気持ちで、バルコニーの階段を上りました」（二〇一四年三月）

この話に私は強い興味を持った。その日本のテレビ局スタッフはあの20万人とも30万人とも言われる群衆の中で、どうやって、どんな思いで、チャスラフスカを探し出したのだろうか。いったいどこの局の誰だったのか。

私は、そのテレビ局のスタッフに、一九六八年メキシコ五輪直前の動乱で所在不明になったチャスラフスカを戦乱のプラハまで出向いて直撃取材した中日新聞社の西川記者と同じような報道人魂を感じていた。

取材をすすめていくうちに、意外な人物がビロード革命を現地で取材し、チャスラフスカにインタビューしていたことが分かった。元日本テレビのアナウンサー、徳光和夫氏である。

日本製粉株式会社をスポンサーにするブログで、坂本雄次ランニングプロデューサーの「訪問！ウォルネス人」という連載に登場した徳光氏が、ニュース番組の取材で、一九八九年の革命時にプラハでチャスラフスカにインタビューしたことを明かしていた。

結論から言うと、あの日、チャスラフスカをバルコニーまで誘導した日本のテレビクルーが、どこの局かは分からなかった。彼女に声をかけたスタッフにもたどり着けなかった。

しかし、私は、実際にあの革命を現地で取材し、チャスラフスカの生の声を聞いた徳光氏には、会って話を伺わなければならないと思った。プロ野球の取材現場などで彼とは面識があったので、所属事務所に取材を依頼した。徳光氏は歌番組の司会の前に、快く時間を割いてくれた。

――ビロード革命を取材したと聞きました。

「ニュースを生で伝えるということで現場に行ったわけです。同時期にマルタ島での米ソ首脳会談があって、そのマルタ会談を取材してから、次にチェコスロバキアのプラハに入りました。その取材はニュース番組のキャスターをやった3年間で最も印象に残っています。まさに社会主義から民主主義に変わる瞬間に立ち会いました。〝ニュースの現場に立つ〟ということは〝歴史の現場に立ち会う〟ということなのだという実感に、鳥肌が立ちました。ベラさんは私とのインタビューでこう話していました。

『自分たちの世代は圧政の中で国家体制に対して批判などほとんどできなかった。秘密警察の締め付けも厳しくて、自分は目立たないようにして生きるしかなかった。長く同じ町に住んでいる隣人をも疑わなくてはならないような生活をしていたが、家庭内では〝正義とは何か〟〝人の正しい生き方とは何か〟といったことを、いつも子供たちに話してきた。そして、自分たちの世代ではできなかったことを、子供たちの世代が成し遂げてくれたことを、心より誇りに思っています』

もうその時のベラさんは若さいっぱいのハリウッド女優さんのような輝きはなくなっていたけれど、年を重ねて、母となった人間の豊かな魅力に溢れていました。十分にまだ妖艶なことも嬉しかったですが、何よりも彼女の人間としての成長に圧倒されました。

僕は〝名花〟と呼ばれた体操の元五輪選手に会うつもりでしたが、話を聞いていると彼女は筋の通った思想家で平和主義者で、大変に感動したことを覚えています。その時の若い男性通訳もベラさんの言葉に感極まって、目頭を押さえ、鼻をすすりながら通訳するので、本当に臨場感のある取材になりました。だいたい僕は女性が何を着ていたなんて気にとめるタイプの人間じゃないのに、カーキ色のコートをサッシュベルトでキュッとウエストを締めて、ハイヒールでコツ、コツ、コツと歩いてきたベラさんの姿を今もしっかりと覚えています。

そして、その時のインタビューで彼女の日本と日本人への心からの信頼、温かみを感じました。こう見えても僕は人と接する商売を長くしているので、相手がお付き合いで言っているのか、本当に心の底から好意を抱いて言っているのかを嗅ぎ分けることができます。ベラさんはこちらが少し恥ずかしくなるほど、敬意を持って日本人を愛してくれていました。実は20年以上たった二〇一二年にベラさんが来日した時、ニッポン放送のラジオ番組にゲスト出演してもらったのですが、その時にも20年前と同じような印象を持ちました。

彼女の日本に対する特別な気持ちは、なぜなんだろうと不思議に思っていましたが、おそらく僕ら以外の、それまでの日本の人たちのベラさんへの好意、精神や誠意を込めておもてなしをしてきたことが、彼女の中でとても大切になっているんだと感じます。それは国と国の垣根を越えたもので、言語や文化なども超越して、人と人をつなぐものだと思いましたね」

徳光氏のチャスラフスカへのインタビューは、現地時間の一九八九年十二月四日に行われ、日本テレビでも生中継された。だから、十一月二十四日にチャスラフスカをバルコニーに誘導したテレビ局スタッフは徳光氏ではない。しかし、徳光氏の話を聞いて、私はあらためてそのスタッフを捜すことをやめた。突然、国家の体制が変わるという歴史的な革命の中でも、チャスラフスカは日本への愛情を忘れることはなかった。個人は特定できなかったが、チャスラフスカの記憶の中には、ビロード革命のまさに政権交代の日に、彼女の心にあらためて日本人への感謝が刻み込まれている。彼女はきっとそのスタッフの行動が、日本人の総意に近いものだと受けとめていたに違いない。

2　知らない時代と知らない恐怖

ビロード革命によるチャスラフスカの復活こそ、私は奇跡といえるのではないかと思う。

一九六八年のメキシコ五輪前に『二千語宣言』に署名したチャスラフスカは実に21年もの長きにわたり、迫害を受け〝チェコの黒い羊〟とさげすまれ続けた。26歳から47歳までの気が遠くなるような時間、彼女はどんな汚名や汚辱を浴びても、絶対に信じたものを変えようとはしなかった。その先に希望の光が待っているという保証などどこにもなかった。それが、ある日突然、署名を撤回しなかった英雄として、新しい時代の象徴として、表舞台に引っ張り上げられることになったのだ。

すでにチャスラフスカからは苦難の時代の話は何度も聞いていたが、チェコスロバキアで同時代を過ごした人たちは、どんな生活を強いられ、また彼女の生き方をどう見て、どう感じていたのだろうか。私はそれが知りたかった。

二〇一四年三月、プラハにあるチェコ日本商工会の中越誠治《なかごしせいじ》事務局長から適任者がいると紹介された。元貿易会社支店長の小野田勲《おのだいさお》氏だった。

柳原和子氏の書いた『「在外」日本人』（晶文社、一九九四年刊）という著作の中で、小野田氏はこのように紹介されている。

【一九五九年、小野田さんは日本を出国した。彼は産声をあげたばかりの共産主義青年同盟ブントの一員でもあった。六〇年安保闘争前年、彼らブントのメンバーには世界構造の変動への予感がたしかなものと思えた。東欧諸国との連携をとっていかなければならない――若き日本の革命家たちはそう信じた。戦前のアヴァンギャルド芸術運動に深い関心を抱きつつ、小野田さんは、留学生となってプラハを目指した】

中越氏は「小野田さんはプラハ在住55年で、二〇一〇年にチャスラフスカが日本の旭日《きょくじつ》中綬章を授与された際も出席していました」と説明してくれた。

午前10時にプラハの中心地から少し離れた場所にある小野田氏の自宅を訪ねた。玄関から居間にかけて、まるで展覧会のように絵画や写真が並べられていた。それらのほとんどが小野田氏自身の作品だという。

そして彼は「お行儀が悪くてごめんなさいね」と言いながら、一八四二年から製造されているというチェコのピルスナービールを手酌で飲みながら、話し始めた。

「一九五九年に僕はここにきました。一九六〇年代のチェコは、現代のチェコを代表する作家、チャペックやカフカの本は出版禁止でした。カレル大学にはアジア・アフリカ学科に日本語学科もあって、僕は学生兼教師をやっていました。当時、日本人はチェコスロバキアをユーゴスラビアとごっちゃにして、チェコスラビアなんて言って、首都プラハの地名も文字の綴《つづ》り通りプラーグと言っていました。それがベラさんが一九六四年の東京五輪で活躍してから変わりました。日本人にチェコスロバキアと言っただけで、チャスラフスカの国だとおうむ返しでかえってくるようになりました。首都もプラハと正確に言うようになった。たった一人の体操選手が国名も都市名もしっかりと日本人に認識させたのです。それは小さな国チェコにとって、決して小さなことではないです。もちろん彼女はチェコではものすごい著名人でしたから、僕なんかに手が届くような人じゃなかった」

——一九六八年八月にワルシャワ条約機構軍がプラハに侵攻した時、小野田さんはどうしていたのですか。

「たまたまロンドンに行ってまして、このまま逃げることはできないと思い、ドイツを経由して、列車でプラハに戻りました。無数の戦車で侵攻された非常事態にもかかわらず、市民たちは驚くほど綿密に、外国からの侵入者が困ることを始めたのには驚きました。白いペンキで道路標識、道路の名称、住所番号を次々と塗りつぶして回った。僕もカレル大学に泊まり込み、学生たちと行動をともにしました。

その後、いわゆる〝正常化時代〟が急にやってきました。ある日の夜中、自宅にいると同じ日本語学科の教授が訪ねてきました。何の連絡もなく急にきて、家に入るなり、水道の水をジャージャーと流し放しにして『あと4日は大丈夫だが、君は追放されるか、投獄される可能性があるから気をつけろ』と伝えてくれた。どうしていいか分からず、たまたま翌日に日本の商社で通訳の仕事が入っていたので、バーツラフ広場の近くにあるその商社に行き、そこの社員に前夜の話をしました。彼はひと言だけ『とんでもない』と言って、タイプライターの前に僕を連れていき、この文章をチェコ語に訳して打てと言った。『我が社は本日から小野田勲をソ連を含む全東欧圏の輸出入貿易の全責任者とする。よって本人の身分を文部省から通産省に移す』という内容の文章でした。その書類を3通作り、サインをして、その日のうちに通産省に提出しなさいとアドバイスしてくれた。彼はもの凄く頭のいい切れ者の商社マンで、言うなればサムライだった。その人に救われて、僕はその日からその商社に勤めることになり、以来、チェコに住み続けることになりました」

――同じ時代を生きたチャスラフスカの生きざまについてどう思われますか。

「信念だね。人間として正義のために生きるという意地でしょう。普通なら殺されるか投獄されていますよ。その信念を貫いたのは、1000万人のうちのわずか一人と言われるくらいでしょう。ハベルさんもベラさんも１０００万人のうちの一人といえる。本人は気障《きざ》だと思って言わないでしょうけど、場合によっては自分は殺されると覚悟していたと思いますよ。それでも自分の名前を汚すよりはましだと考えていた。凄い人だと思います。ベラさんは世界的にも著名人だったから、支配者は表だって手を出すことは難しかったのかもしれないけど、秘かに消す計画はあったでしょうよ。あの頃、多かったのは自動車事故です。ハベルさんも演劇の他にも短編小説を書いていて、国民からの支持も高かった。僕は殺されても仕方ないと思っていました。よくぞ二人ともあの時代を切り抜けられたと思います。本当に偉い人たちです」

――そういえばベラさんの弟バシェックも交通事故で亡くなっています。

「自動車事故？　殺されたのでしょう。ベラさんへの見せしめの意味もあったのかもしれない。すさまじい時代だった。いつどこで誰が殺されても少しも不思議じゃなかった。僕も日本に帰れと何度も言われましたが、教え子たちを見捨てて『一抜けた』だけはできないと思っていました。それじゃあ人間じゃないでしょう」

『「在外」日本人』の中で小野田氏はこう語っている。

【言論統制、出版統制、集会結社の禁止、秘密警察による監視体制、民兵団と称する武装集団、ありとあらゆる抑圧装置がじつは一体なんですね……。こうなると議会も裁判所も弁護士も村役場でさえ弾圧機構としてしか機能しなくなってしまう。そういう現実

の中で人は何ができるか？（中略）不自由が文化を生むわけじゃない、生むのは自由への希求なんですね】

小野田氏の自宅にところ狭しと掛けられた絵画は、装飾品ではなく、人生の記録だから「人には売らない」と彼は言った。入り口近くにはチェコを代表する画家ミュシャの絵が一枚だけかけられていた。他のミュシャの絵とは少しタッチが違うので、私が見入っていると「ミュシャの絵はヘタだから僕が直した」と、77歳の彼は少年のような笑顔をのぞかせた。

お礼を言って帰ろうとすると、小野田氏はドアに手をかけた私にこう言った。

「嘘は言えないが、本当のことはもっと言えないことが多いんです……」

建物の外はまばゆいばかりの真昼の太陽に照らされていたが、彼の言葉に、私は知らない国の知らない時代の恐怖を感じ、背筋に悪寒を覚えていた。チャスラフスカ本人が語ろうとしない、語りにくいであろう当時の闇を、のぞき見た気がしたからだ。彼女は私たちが考えるよりもずっと危険で、深刻な監視下に置かれ、その中で彼女は命を失うことも覚悟していた。それも21年もの長きにわたって。「よく生き抜いたと思いますよ」。小野田氏の湿った声が胸の中に幾度も木霊《こだま》した。

1000万人に一人と言われる確率で、過酷な状況下で信念を貫き通し、命の危険をすり抜けて、復活のステージに上がる。

あまりにも起伏に富んだ人生には、人知を超えた力が潜む気さえした。

3　大統領補佐官と遠藤の人生

一九八九年のビロード革命での新政権誕生後、地元の新聞でチャスラフスカの名前が新大統領候補に挙げられた。民主化への信念を貫き通した生きざまと、あのバーツラフ広場でのスピーチが、大衆の心をつかんでいた。

しかし、彼女はその可能性をはっきりと否定した。

「私はスポーツ界の人間で、政治家ではありません。私へのシンパシーをハベルさんに向けてほしい」

国民は新たな大統領に、劇作家であり、市民活動家のリーダーだったハベルを選んだ。翌一九九〇年一月、年明け早々にハベル大統領からチャスラフスカのもとに連絡が入った。そこで新政権での二つのポストが提示された。プラハ市長、大統領補佐官。チャスラフスカは「大統領補佐官であれば荷が重すぎないので」という理由でハベルの補佐官を選んだ。

翌日から大統領府が置かれたプラハ城に出勤して仕事を始めた。担当したのは、医療、学校、教育、子供、体育など、いわばそれまでの政権が怠ってきた分野だった。仕事は予想をはるかに超えて、多忙を極めた。

【朝から晩まで土曜も日曜も働いた。好む好まないにかかわらず、その絶対的なペースに巻き込まれた。ハベル氏を希望の象徴とする人々が、次々と助けを求めてきた。車椅子がない、外科用のベッドが足りない、老人ホームに空きがない……。腎臓移植を待つ人や白血病の子を持つ母親の骨髄提供者を探してほしいという声まで、市民からの嘆願の手紙が毎日150通ほど、ベラのもとに届けられた。手紙にベラはいつも全力で立ち向かったが、手紙は次から次に増えて、すべてに対処することは難しかった。まるで海の水のようだと思いながら、夜遅くなってからは、家に持ち帰り、ラトカやマルティンにも分類作業を手伝ってもらい、手紙に返事を出して、対処できるものには手を打つように努めた】（『オリンポス山の人生』）

大統領補佐官時代の一九九〇年と一九九二年に、チャスラフスカは2度来日している。一九九〇年二月の来日は、ラトカ、マルティンも一緒だった。安倍晋太郎《あべしんたろう》元外相、海部俊樹《かいふとしき》首相、日本オリンピック委員会の堤 義明《つつみよしあき》会長らと会談。「来日は11度目ですが、自由になったチェコからきたのは初めてなので、今回の来日の嬉しさは格別です」とコメントした。8日間の滞在中は講演や会見、テレビ出演など分刻みのスケジュールが組まれた。

この時、私も初めてチャスラフスカにインタビューする時間をもらった。それまで彼女は国内に言論統制があったため、前政権からの弾圧や迫害について、ほとんど語ったことがなかった。

——『二千語宣言』への署名を撤回されませんでした。当時1歳のお子さんと連行されたこともあったと伺いました。

「撤回しない限り自由はなかったのです。5年間、私は一切外部の人との接触を禁じられました。40回以上の尋問、さまざまな圧力……。仕事は全然、与えられなかった（中略）共産党員か非党員か、だけですべてを判断されるのです」

その時、笑顔で気軽に受け答えする彼女には、ある明確なルールがあった。「自分以外の人については話さない」という毅然《きぜん》とした決意だった。

——『二千語宣言』を撤回した人とベラさんの違いはどこにありますか。

「他の人について私はコメントすることはできません。本当にすさまじい圧力だったのです」

——同じ女子体操の金メダリストで、後にルーマニアから米国に亡命したナディア・コマネチの決断について聞かせてください。

「彼女が亡命した本当の理由は彼女にしか分からないと思います。彼女は海外を転戦していた時、本当にまだ子供といっていい歳《とし》でした。だから外の世界が彼女に与えた刺激はとても大きかったのでしょう。ルーマニアは経済的にも信じられないほど苦しい国です。小さな少女が外国へ行って、お土産に食料品の缶詰を一つ買う。そんな国でしたから」

大統領補佐官という政府の要人の立場だったが、彼女は決して人を批評したり、上からの目線で話そうとはしなかった。どんなに立ち位置が変わっても、それが地獄から天国へ、といったような激変であっても、彼女の人の立場を配慮する真摯な態度と発言にブレはなかった。

一九九二年四月の来日は国賓として日本を訪問したハベル大統領に同行したもので、天皇皇后両陛下の晩餐会《ばんさんかい》に出席するなど、大統領補佐官としての任務が主だった。私はチェコスロバキア大使館に取材を申し込んだが、スケジュールが埋まっていることを理由に断られた。諦めきれずにいたところ、一九九〇年に『チャスラフスカの証言』（工藤美代子著）が刊行されていたこともあり、彼女が東京・神保町《じんぼうちょう》の三省堂書店で来日記念サイン会を行うという情報を入手し、私はその列に並んだ。

2年前にインタビューした私のことを覚えていてくれるかもしれないという期待があった一方で、さすがに今回は取材は無理だろうとも思っていた。私の順番がきた。チャスラフスカは私を見るなり、立ち上がって握手を求めてきた。たった一度インタビューしたただけなのに、彼女は顔をひと目見ただけで私を思い出した。感激するとともに、驚いた。

そして、その日の夕方、スケジュールの空き時間に、都内のホテルで取材に応じてくれた。

——二人の子供の母親であり、大統領補佐官という要職にあり、一九九〇年四月からは国際オリンピック委員会の委員まで兼務されています。充実した生活を送られていますか。

「充実、充実……まあ信じ難いほど多忙ですね。何しろ私の担当する社会福祉という分野は非常に広大で、毎日、私宛に何かを訴える手紙が今でも50通はきます。その部署には3人しか人がいないのに。まあテンテコマイです。今の私がどんな様子かは隣の犬を見ると分かるのよ」

——隣の犬ですか。

「以前は私が家に帰ると、隣の犬が大喜びして尻尾《しっぽ》を振って飛び付いてきたの。ところが私があまりにも疲れ果てて帰ってくるようになってからは、隣の犬は出てはくるけど『ああまた疲れて、機嫌が悪いな』って顔で目をそらして向こうに行ってしまいます」

——五輪の選手だった頃と大統領補佐官の今を比べていかがですか。

「今思えば五輪で金メダルを狙っていた時の苦労は桜の木の下を散歩するようなもので

した（笑い）。今は毎日毎日、沢山の市民の訴えを聞いて、助けを求めてくる手紙に一つ一つ返事を書いて、処理する。仕事は毎日押し寄せてくる波のようで、家に帰っても、いつ眠ったのか、いつから起きていたのかも分からないほどです。だから日本にくると懐かしい思い出に浸れて、本当に幸せなのです」

このチャスラフスカへの私の2度目のインタビューをあらためて読んで、彼女がまだ4、5歳の頃、障害者施設でバレエの公演をした時の話を思い出した。足を失った子供や、全身が麻痺《まひ》して車椅子に乗った子供を目の当たりにして、元気に踊れる自分の姿が逆に子供たちを傷つけることになるのではと思い、最初は踊ることを拒む。ところが、大人に促されて、いざ踊り始めると反応は予想外で、子供たちは大喜びして何度もアンコールを繰り返した。感激したチャスラフスカも体力の限界まで何度も何度も踊り続けた。その時の体験は、その後の彼女の生き方に大きな影響を与えた。それは二つある。一つは人を喜ばせるために演技をするということ。そして、もう一つが相手が自分を必要としているのなら、決して手を抜かずに精魂を込めて力を尽くすということだった。

その考え方はチャスラフスカにとって、ある種の人生哲学になってもいた。大統領補佐官時代も、自分の助けを必要とする人たちには、自分の生活を犠牲にしてでも、力になろうと尽力した。精神的にも肉体的にも、ギリギリの状態が続いた。

チャスラフスカは一九九〇年四月にチェコスロバキア五輪委員会の会長にも就任していた。初の女性で初の五輪出場経験者の会長だった。一九九二年七月に開幕したバルセロナ五輪では選手団を率いて、20年ぶりに五輪の会場に姿を見せた。結果も満足のいくものだった。チェコスロバキアは7個のメダルを獲得。そのうち四つが金メダルだった。チャスラフスカは自分の専門でもあるスポーツ関係の仕事に専念したいと考えて、バルセロナ五輪開幕直前の一九九二年五月に大統領補佐官を退任していた。

この年にチェコスロバキアの第一党でもあるチェコの市民民主党と、スロバキアの民主スロバキア運動が、連邦制の解消に合意。一九九三年一月一日、チェコスロバキアは、チェコ共和国とスロバキア共和国に分離した。

一九六八年の現役引退から四半世紀、チャスラフスカは体操とは別の世界で、時代の激流を全身で受けとめながら、起伏の激しい流転の人生を懸命に生きた。一方、同じ年に現役を退いた盟友の遠藤幸雄は、チャスラフスカとは対照的に、現役時代の栄光と経験を糧にして、その後の人生も堅実に歩んだ。

一九七二年のミュンヘン五輪でチームリーダーとして、一九七六年のモントリオール五輪ではコーチとして日本代表チームを率いて、いずれも団体総合優勝に導いた。ミュンヘン五輪では大会前から故障者が続出、モントリオール五輪ではエース笠松茂《かさまつしげる》を盲腸炎で欠くという、いずれも逆境の中での金メダルだった。つまり、遠藤は選手として3大会、指導者として2大会、体操日本男子の五輪5連覇という偉業にすべて関わっていたことになる。

もっとも遠藤の引退後、塚原光男《つかはらみつお》の『月面宙返り』を始め、体操界は技の開発が急速に進んだ。さらにウルトラCを超えるD、E難度の技で争う時代を迎える。その意味でトップレベルの指導には遠藤も戸惑いを感じていたようだ。一九八三年十月五日付の夕刊フジのインタビューでこう吐露している。

【コーチをしていてもね、演技の良しあしは分かる。指摘もできる。しかし、感覚的には全く分からない。我々はあんな凄い技やったことありませんもの】

一九八五年四月には日本体操協会の強化のトップでもある男子競技委員長に抜擢され、一九九一年四月には専務理事に就任した。

トップ選手の指導だけではなく、日本大学文理学部教授として、学生の育成にも精力的に取り組んだ。

「教育者」としての遠藤を象徴するこんなエピソードがある。

日大体操部の学生が地方での試合後、酒を飲んで一般人とトラブルを起こしてケガを負わせたことがあった。遠藤はすぐに被害者のもとに出向いて、頭を下げて回り、示談ですむことになった。しかし、学生の処分を決める教授会では「大学の名を汚す行為」として「退学処分が妥当」とする意見が大多数を占めた。そんな中、教授になったばかりの遠藤一人だけが何度も頭を下げて、処分の軽減を訴えた。厳しい処分を主張する先輩の教授たちをこう説得したという。

「若気の至りです。許してやってください。私にも指導力不足がありました。今後のことはすべて私が責任を負います。未熟な学生を最後まできちんと教育して社会に送り出すことも、大学の大切な使命だと思います」

教授たちから「本当に遠藤先生が今後すべての責任を持つのですね」と、さらに念を押され、遠藤は「ハイ、ハイ」と言い続けた。この時のことを後に彼は家族に「胸が震えた」と漏らしていたという。

結局、処分は「停学」で収まった。しかし、遠藤自身が当事者の学生を叱責するようなことは一度も無かった。落ち込んでいる学生の姿を見て、本人が誰よりも反省していることが分かっていたのだろう。その後、その学生は体操でも、また人間的にも大きく成長し、五輪代表選手になった。

その学生は後に、同じ体操部員だった遠藤の長男・幸一を訪ねて、静かにこう言った。

「もし、あの時遠藤先生がいなかったら、今の僕はいなかったです……」

私はこのエピソードを取材した時、感恩講児童保育院という施設にいた遠藤を支えてきた、沢山の大人たちのことを思い出した。孤児となった遠藤を見捨てることなく、誰もが温かく、長い目で手を差し伸べ、可能性を見い出し、道をつくり、光のある方へと導いた。その無私の善意は、金メダリストを育てただけではなく、教育者としての理念も育んだのだと思う。あの学生への遠藤の対応は、ある意味で自分を育ててくれた人たちへの返礼でもあったとは言えまいか。

遠藤は学生たちとの宴会では率先して宴会芸を披露して酒席を盛り上げ、女子学生からは「あんなに面白い教授はいない」と言われるほど人気があった。教授という立場で上から学生を見ることはせず、常に「和」を重んじていたという。日大では65歳の定年後も契約期間を5年延長して、70歳まで教員として勤めた。

もう一つ、いかにも遠藤らしい秘話を明かしたい。男子個人総合で金メダルを獲得した東京五輪の翌年の一九六五年から二〇〇六年まで毎年欠かさず、実に41年間にわたり、自分を育ててくれた感恩講児童保育院に寄付金を送り続けていたのである。感恩講の佐々木元院長が「本来はお見せしてはいませんが」と前置きしながら、私に寄付金額が記入された帳簿を見せてくれた。一九六五年の5000円で始まった寄付は、1年にほぼ2回のペースで71回も続けられ、合計金額は実に228万5000円にもなっていた。佐々木元院長が何度もうなずきながら言った。

「感恩講の卒園生で、何かの記念行事に寄付をしてくれる人はいます。でも、41年間も続けて、一度も欠かさずに寄付を送ってくれた人は遠藤さんだけです」

今でこそ五輪の金メダリストは、スポンサーとの契約金やCMに代表されるメディア出演料など、多額の収入を手にできるようになったが、まだアマチュア規定の厳しかった一九六〇～一九七〇年代は、選手個人がスポンサーと契約したり、CMに出演することは禁じられていた。だから当時は、どんなに有名な金メダリストでも収入は一般の人とさほど変わりはなかった。遠藤も日大の教員としての収入をコツコツと貯《た》め、3人の子供を育て、さらに感恩講にも送金を続けていたことになる。

彼は人から受けた慈愛を忘れることなく心の中で大切にしていた一方で、その慈愛は次の世代に返していかなければならないと心に決めていたのだろう。

遠藤のその後を取材していくと、意外な事実も分かった。

一九六四年の東京五輪、男子体操個人総合優勝がかかる大一番に、遠藤の中学時代の恩師でもある大島先生が、周囲の人たちと相談して、蒸発していた遠藤の父・幸次郎を捜し出し、東京体育館まで連れてきていた。大島先生によると、「いずれ二人の間のわだかまりが溶けてくれればいいのだが……」と考えての行動だったという。見事に金メダルを獲得した遠藤と父は、その会場で実に15年ぶりに再会を果たした。

母が病死した後、事業に失敗したとはいえ、自分を捨てて姿を消した父。この時、遠藤がどんな思いで再会したのかは分からない。ただ、遠藤は父を捜し出して連れてきた恩師の思いをくみ、また父のことも許したのだろう。その後、彼は東京・世田谷区に一戸建てを借りると、すぐに父を呼び寄せた。同じ頃に次男も誕生。当時、まだ幼かった長男・幸一の保育園への送迎を、幸次郎に頼んだという。

「母も教員の仕事で忙しかったので、おじいちゃんと僕は毎日一緒でした。将棋を教えてもらい、子供相撲《すもう》大会にも付き添ってもらったことをよく覚えています」(幸一)

幸次郎は一九七一年に脳梗塞で68歳で亡くなるまで、遠藤のもとで平穏に暮らした。

引退後の遠藤幸雄の人生は、チャスラフスカほどドラマチックではないのかもしれない。しかし、指導者として、教育者として、堅実に責任を果たし、さらに決して裕福とはいえない暮らしの中で、41年も続けて感恩講に寄付を続け、自分を捨てた父を引き取る。普通の人ではなかなかできないことを、実にさりげなく、自然体でやり遂げる。そこに私は遠藤の人間としての大きさを感じずにはいられない。あのチャスラフスカが魅了された体操のように、遠藤の人生もまた美しく、スケールが大きかった。

左　幼少時のチャスラフスカ（提供／チャスラフスカ）
右下　東京五輪、床の演技。50年経った時に見て「そこまでできていたとは思わなかった」と本人が感嘆した写真（提供／日刊スポーツ）
下　東京五輪の跳馬、山下跳びで金メダル獲得を伝える記事（提供／毎日新聞）

10月23日　毎日新聞

力強い跳躍

美しい倒立

ダイナミック

マットに舞う

跳馬の女王

チャスラフスカ

完全性へ挑戦

みごとな着地

会心の演技にニッコリと

東京五輪、メダル授賞式
（提供／チャスラフスカ）

上　メキシコ五輪、メダル授賞式
(提供／フォート・キシモト)
下　チャスラフスカの無事を伝える記事（提供／中日新聞）

日新聞

私はくじけません

五輪は必ず出ます

体操の女王チャスラフスカ

〝ベラ・スマイル〟も晴々と

ご心配をかけました

にっこりほほえみ、ポーズをとるマトロコーワ・コーチ(左)とチャスラフスカ嬢＝プラハ市内で

上　ビロード革命でハベル（後の大統領）と民衆の前に立つ（提供／チャスラフスカ）
下　ビロード革命で広場を埋めつくした大群衆（提供／AP・アフロ）

第6章　闇

1　悲劇とバッシング

一九九三年八月、チャスラフスカとマルティンはイェセニーキの別荘で休暇を過ごしていた。六日の夕方、マルティンは友人たちと遊びに出かけた。チャスラフスカも自分の友人たちと近くの保養施設にワインを飲みに出た。すると、その店には偶然にも別れた夫のオドロジルも来ていた。もう長く連絡を取っていなかったのに、その夜は子供たちの近況をチャスラフスカたちの席まで聞きに来たという。それが二人の交わした最後の会話になった。

オドロジルはその後、数km離れたウ・ツィンブリというディスコに顔を出した。その店では息子のマルティンも夜の時間を楽しんでいた。ディスコでの様子については『オリンポス山の人生』に詳しい。

【オドロジルは考えられないような振る舞いをした。まるで若者のように踊り始め、踊っている人たちに突っ込んでいった。せめて周囲の人間がマルティンの父親だと知らなければ良かったが、酔っている中年男性の素性を皆が知っていた。（中略）女の子たちの一人にぶつかった時、その子が「お父さんに注意して！」と言った。（中略）やがて、もみ合いになり、マルティンの拳が命中した】

オドロジルは床に倒れて、救急車で病院へ運ばれた。頭蓋骨の損傷と脳出血が発見されて、2度の手術をしたが、35日後の九月十日に息を引き取った……。

オドロジルの死は翌九月十一日、チェコ通信社から全国に配信された。チャスラフスカという著名人の息子と元夫が起こした事件に、チェコのメディアはこぞって飛び付いた。

一九八九年のビロード革命後、言論統制、報道統制が解かれたことで、国内にはいくつもの大衆紙が創刊されていた。一九九〇年にエクスプレス紙、シュピーグル紙が創刊され、一九九二年にはブレスク紙、その後もスーペル紙、スパイ紙、アハ紙と発刊が続いた。各紙は競って、大衆が飛び付きそうなネタをセンセーショナルに扱うようになった。

「マルティン・オドロジル事件」は、その格好の餌食《えじき》になった。

各紙ともマルティンを殺人犯として扱い、酷評した。次第に情報源も不確かなゴシップ記事が氾濫《はんらん》するようになった。自由が解禁されたことで、言論と報道が無法地帯と化していた。

「18歳のマルティンは素行が悪く、少年院に入るための人生だった」「マルティンの暴力的な性格で父は亡くなった」というような、確証も検証もない、一方的な論調が独り歩きしていった。やがて事件とは関係のない母親のチャスラフスカに矛先を向けた批判記事も目立つようになった。それらの記事に影響を受けたテレビのニュース番組も公平性を欠くようになる。

【裁判のさまざまな証言でマルティンが口にした言葉は、ほとんどメディアによってゆがめられた。例えばマルティンは「その晩のことについて、悪意のある行為をしたとはまったく意識していない。ケンカをしている二人を引き離そうとした自分の彼女に拳が当たった。自分はその彼女に向かっていった父の攻撃をそらそうとしただけだ。父に対するそれまでの憎しみの表れではない。もし、再び同じような状況になれば、次も自分は同じように振る舞っただろう」と証言したが、テレビのニュース番組で報道されたのは、最後の「次も同じように自分は振る舞うだろう」というコメントだけだった】（『オリンポス山の人生』）

一九九四年にシュンペルク地方裁判所で「マルティン・オドロジル事件」の裁判が始まった。

【マルティンの弁護人は父親が倒れたときの異様な倒れ方を問題とした。それは遺体解剖に立ち会った鑑定人のネオラル氏の見解に基づいていた。ネオラル氏は脳に病巣（偽《ぎ》性嚢胞《せいのうほう》）が三つ発見され、神経科医の話を照合すると、その病巣がオドロジルの倒れ方に影響を与えたことは否定できないとした。つまりオドロジルが倒れるときに、手をついたり、体をねじったりといった通常の倒れ方をしていないことを注視。特にアルコール摂取の影響があった際に、脳内の嚢胞がその不器用な倒れ方の要因になりえたとアピールした】（『オリンポス山の人生』）

一九九六年七月二十四日、シュンペルク地方裁判所は、硬い床で倒れれば、死に至る可能性があったとして、マルティンに執行猶予の付かない懲役4年の実刑判決を下した。これに対してマルティンの弁護士は1カ月後に憲法裁判所に不服申し立てをした。ところが、その憲法裁判所での審議が始まる前の一九九七年一月二十四日、ハベル大統領がマルティンに恩赦を出した。その理由については彼はいっさいコメントをしていない。ただ大統領就任以来、彼は500件ほど恩赦を出していた。それは当時の司法が正常に機能していなかったということを表している。

このハベル大統領の恩赦が、メディアにとって新たな標的になった。大統領と、かつて大統領補佐官を務めていた母親の特別な関係を指摘した上で、攻撃の照準をチャスラフスカに向けた。

実刑判決が出された後、姉ラトカやマルティンの友人らが「弟はかなり前に父が母に暴力を振るっていたことを許していた」と説明して、恩赦を要求していた。さらに裁判の審議が証拠不十分だとして、「憲章77」の署名者や、市民ら100人以上が恩赦を要求していた。しかし、チャスラフスカがハベル大統領に直接恩赦を要求したことは一度もなかった。

倒れ方が悪かったのか、脳の中の病巣が作用したのか、アルコールが関係していたのか……不明な点は少なくなかった。いずれにしても事件当日、いくつもの偶然が重なり合って、誰もが思いもしなかった出来事が起きた。ひと言で言ってしまえば、不運だった。そして、その事件の当事者が五輪金メダリストの息子と元夫という巡り合わせは、まさに悲劇としか言いようがない。「まるでギリシャ悲劇のようだった」と言って同情する人もいたが、大衆はメディアの報道に、扇動されていく。やがてチャスラフスカは孤立を深めていく。それは、あの共産党支配の時代のような名誉を守る孤立とは違う。すがるもののない、暗くて、底の見えない深い孤独だった。

私がチャスラフスカの家族の悲劇を知ったのは、事件から1年近くがたった一九九四年七月だった。その年の夏は異常ともいえる猛暑だった。私は歯科医院の待合室で、たまたま手にとった写真週刊誌「フライデー」のある記事にくぎ付けになった。そこには「息子が夫を殺したチャスラフスカの悲劇」の見出しで、痛ましい事件の顛末《てんまつ》と裁判のことが大きく報じられていた。それまで日本の新聞やテレビでは、事件のことはいっさい報じられていなかった。私は強い衝撃を受けて、思わず声を上げそうになるほど、心臓が高鳴った。クーラーの冷気がなま温かく感じられた。当時、私は妊娠3カ月だった。母親のチャスラフスカの気持ちを思うと、胸が痛み、やり切れなくなった。一瞬、もう彼女と会うことはないのではないか、という思いが頭をよぎった。一方でもう一度、何としてもチャスラフスカに会いたいと思う自分もいた。

ちょうどこの事件の裁判が行われていた一九九五年四月、チェコ五輪委員会の会長を務めていたチャスラフスカは、一九九八年二月に開催される長野冬季五輪の準備状況を視察するために来日した。

多くの新聞がチャスラフスカにインタビューをしていたが、彼女の五輪委員会の会長としての仕事や長野五輪の話に終始し、事件のことに触れた記事はついに目にすることはなかった。インタビューした記者が事件のことを知らなかったとは考えにくい。おそらく、取材のテーマが今の彼女の仕事と長野五輪の準備状況だったことと、事件があまりに悲劇的だったことから、その話題に触れないように配慮したのではないだろうか。

私はどうしてもチャスラフスカに会いたくなった。事件のことを聞くというよりも、ただ彼女に会って顔を見たかったという方が正しいかもしれない。その3カ月前に私自身が初めて子供を出産していたことも、何か関係していたのかもしれない。

日本オリンピック委員会の事務局がある岸記念体育会館を彼女が訪問することを知り、1階の入り口前にある階段で待った。しばらくすると彼女はハイヒールの音を響かせて通訳とともに階段を下りてきて、すぐに私の姿を見つけた。過去2度会った時のような笑顔ではなかった。ひきつったような、少し困ったような笑みを浮かべて、歩み寄ってきた。そして、彼女の方からこう切り出した。「事件のことがお知りになりたいのかしら」。あまりに率直な問い掛けに、私はとっさに「いえそんなつもりでは……」と口ごもった。彼女は「裁判が終わるまで何も話せないの」と続けた。「いずれ話が聞ける日がくることを待っています」と返すと、彼女は小さく目をとじてうなずいた。

短い会話だった。彼女の口からほとんど何も聞けなかった。しかし、私は彼女の表情とわずかな言葉から、言いたいことが分かったような気がした。チェコでのバッシング報道が、日本にもそのまま伝えられることを、彼女は恐れていたのではないか。日本人には真実を伝えたい。でも、裁判中の今は何も語ることができない。彼女の心の中に、そんな葛藤がうずまいているようだった。

このチャスラフスカの来日に合わせて、荒川御幸はかつての女子体操選手たちに声をかけて、昼食会を計画した。一九九〇年に来日した時も、彼女たちは歓迎会を開いていた。チャスラフスカが大統領補佐官という地位に就いた直後で、会は終始、明るく、和やかだった。今回も同じホテルの同じ中華料理店を選んだ。

ただこの時のチャスラフスカを取り巻く状況は、5年前とは大きく変わっていた。すでに大統領補佐官は辞任しており、信じられない悲劇の当事者として、国内では激しいバッシングを浴びていた。

荒川はチャスラフスカがまだ10代の頃、その美貌と愛らしさに「カメオちゃん」とあだ名を付けたことがある。50代に入ったチャスラフスカは当然ながらその美貌に陰りが見てとれたが、荒川はその表情の中に苦悩も感じ取っていた。昼食会ではいつも笑みを絶やさない主役から、あの柔和な表情が消えていた。何となく会の空気もぎこちなかった。

そして、いたたまれなくなったのか、チャスラフスカは促されたわけでもないのに、自分から切り出した。

「皆さん、報道などでご存じかと思いますが……事件の真実がきちんと伝えられず、誤解も多く、父を息子が……」

その話に荒川が割って入った。

「ベラさん、私たちは今日は家族に起きた事件を聞きたくて集まっているわけじゃないんです。あなたの長い日本の友人として、懐かしくて楽しいひと時を過ごしたくて集まったのです。楽しい食事にしましょうね」

他の体操仲間たちもその言葉にうなずいた。

中村多仁子はその時のことをよく覚えている。

「荒川先生のひと言で、石みたいに硬かったベラの顔に赤みがさして、リラックスしていくのが分かりました。それで私もああ良かったなあと思いました。でも、あの日のベラはいつもと違っていたことがありました。昼間からビールを飲む人じゃなかったのに、あの日は何度かおかわりをしていました。それが私は少し気になったんです」

チャスラフスカは私に、その当時の日本人の対応を振り返りながら、「日本人の美徳」についてこう語った。

「人が辛いと思っていること、苦しいと思っていること、話したくないと思っていることに、日本人は決して触れてこない。すべて分かっていて、知っていても、知らん顔をします。やさしいのです。気配りでしょう。とても親切だと思います。だから、どんな時だって私は、日本で嫌な思いをしたことがないんです。

日本には物を包むという文化があるでしょう。昔、選手時代に私は日本の選手仲間にチェコのグラスをプレゼントしたことがありました。何かのお礼でした。『ありがとう、きれいね』と、とても嬉しそうに言ってくれるのですが、少し困ったような表情をしたのです。その理由は後日、分かりました。日本人は何か人に贈り物をする時、たとえそれがピンバッジのような小さなものでも、薄い紙で包み、それを箱に入れて、また包装してリボンを付ける。それは心も同じでした。気持ちを伝える時も、いろいろ包んで、むき出しにならないようにします。日本人はとても奥ゆかしいのです。相手の気持ちを一番に考える。傷つけないようにおもてなしをしてくれる。そういう人たちです」（二〇一四年三月）

2　14年間の海の底

一九九六年四月にチャスラフスカは国際オリンピック委員会（ＩＯＣ）の委員に就任した。しかし、その前から心身に明らかな異常をきたしていた。その3カ月後、マルティンに懲役4年の実刑判決が下ると、症状は急激に悪化していった。

七月に開幕したアトランタ五輪には選手団を率いて何とか参加したが、やがてチェコ五輪委員会の会議を欠席するようになり、数カ月後に同委員会の会長を辞任した。親しかった同国の五輪代表選手の集いにも顔を出さなくなった。

変調に最初に気付いたのは子供たちと姉のハナだった。外出をしなくなり、家でも洗濯や料理をしなくなった。何かが停止したようだった。気分転換をさせようとハナはいろいろな提案をしたが、チャスラフスカはまるで乗ってこなかった。一九九五年に英国のエリザベス女王がチェコを訪問した際の集いに、ハナが無理やり引っ張り出して出席させたが、以降は人の集まる場に出ることを極端に嫌がるようになった。一九九六年のアトランタ五輪から帰国して以降、誰とも会おうとしない、心を閉ざした日々があしかけ14年間にも及ぶことになる。一九九七年にはＩＯＣのサマランチ会長がチェコ五輪委員会の１００周年記念行事に出席するためプラハを訪れたが、彼女は会うことを拒絶した。姉のハナは『オリンポス山の人生』で当時をこう振り返っている。

【妹がどうしてそれほど深い倦怠感《けんたいかん》のままでいるのか分からなかった。世界から注目された誇り高い妹が、なぜ毛布をかぶって、震えているままなのか。初め私たちは知り合いの脳神経外科医を訪れましたが、精神科専門病院に行くように言われて、別の病院を紹介されました。そこで、うつ症状だけではなく、幻覚が見えていたことが分かり、入院することになったのです】

チャスラフスカには病気を治そうという前向きな意欲さえなかったので、医者や治療に対しても協力的ではなかった。回復の兆しはまるで見られず、３カ月後に退院した。その頃は家族が訪ねてきても、ほとんど反応しなくなっていたという。

私は娘のラトカに当時の様子を聞いた。

「周囲はどうしていいのか本当に分からない状態でした。元気な時の母の美点でもあった、我慢強さや集中力といったものが、すべて逆に作用してしまったのです。つまり、自分に向けて鉄砲を撃ち続けているように、自分の人生は意味がない。この世のことはすべて無関係だと、心を固く閉ざしてしまったのです。その壁はとても厚く、家族や友人、医者にも越えられませんでした。誰も開けられない場所に閉じこもってしまったのです。私たちはあらゆる方法で壁の中から出てくるように説得を繰り返しました。宗教的な言い方もしたし、怒鳴ったりしたこともあります。あらゆることを試し、何度でもしつこくトライしましたが、変化はありませんでした。肉体的には元気で健康なのに、なぜそうなってしまったのか、誰も理解できなかったのです」(二〇一四年三月)

精神科医たちも手を焼いた。電気ショックやあらゆるセラピーを提案し、実践した。脳内の新しい神経がつながることを期待して脳に電流を流したりしたが、最新の化学療法でも何も改善しなかった。友人や知人が新しい病院や高名な医師を紹介してくれたが、チャスラフスカに変化が表れることはなかった。一九九八年にチャスラフスカは老人ホームに移り、そこで9年を過ごすことになる。

二〇一二年三月に私がチェコで取材した時に、チャスラフスカは当時のことをこう振り返っている。

——家にいる時は何をしていたのですか。

「……何もしていませんでした」

——テレビを見たり、本を読んだりはしていましたか。

「テレビも見なかったし、本も読まなかった。何に対しても関心が薄れていて、何もしませんでした」

二〇〇一年にはIOC委員も辞任した。

最後まで妹の状態を気に掛けていた7歳上の姉ハナが二〇〇四年に白血病で亡くなったが、チャスラフスカは自分の殻から出ることはなかった。


あらゆる治療を施しても変化がなく、著名な精神科医もさじを投げ、もう生涯治る見込みもないと言われるほど症状は深刻だった。何事にも興味がなく、生きていても仕方がない。自分の人生への関心もなくなった。誰にも会わず、新聞もテレビも見ず、椅子にすわったら一日中そのままで、風呂にも入らず、自分から食事も摂《と》ろうとしない。息はしているが、死んでいるような状態だった。

ところが二〇〇〇年のある日、それまで飲まなくてはならなかった15種類もの薬の山をすべてトイレに流した。震えや幻覚を抑える薬だった。もう薬の力は借りない、という意志の現れだったのか。周囲には分からないが、何かがほんの少しずつ、雨だれの一滴一滴が岩を溶かすように、心の中では変化が起きていたのかもしれない。幾重にも閉められた鎧戸《よろいど》の中で、何かがほんの少しずつ……。

とはいえ、相変わらず、誰とも会おうとはしなかった。大好きだった日本からの取材に応じることもなくなった。ハベル大統領の声かけにも心を開こうとはしなかった。

ちょうどその二〇〇〇年の十二月、審判の講習会に出席するため、遠藤幸雄の長男・幸一がプラハを訪れていた。そこで、チャスラフスカとの再会を楽しみにしていたが、ついに会えなかった。

「プラハといえばベラさんの住んでいるところだから、会って食事でもしたいと思ったんです。一九八六年にドイツ・カールスルーエの競技会でベラさんを見つけて挨拶に行った時、彼女は『あのいたずらっ子のコーイチがこんなに大きくなったの⁉』と驚いて、とても喜んでくれたからです。何しろその時は僕が小学1年生の時以来の再会でしたから。ところが二〇〇〇年にプラハに行った時は、誰に彼女のことを聞いても『精神病で入院していて会えない』という返事でした。

帰国後に父（幸雄）にプラハで聞いたことを伝えると『そうなのか⁉』と驚いていましたが、息子さんの事件のこともあったので、静観しているしかないと思ったのだと思います」

14年にも及ぶ途方もない時間の沈黙は、いったい何が原因だったのか。二〇一四年三月、私がプラハでインタビューした時に、彼女にまずそれを聞いた。

――何に一番打ちのめされたのですか。

「家族の悲劇は確かに引き金にはなりましたが、本当は長い人生で積み重なった疲労が原因だったと思います。それは一九六〇年のローマ五輪から始まったものです。ローマから一九六四年の東京五輪、一九六八年のメキシコ五輪と肉体的にも精神的にも自分を追い込んでいました。今のスポーツ界では想像できないでしょうが、私は現役時代も普通に仕事に就いていました。同時に学校で勉強もしていました。その上で体操の練習をしていたのです。どんなに体調が悪くても、練習を休んだことは一度もありません。コーチの影響かもしれませんが、何をやる時も、さぼったり、手を抜いたりしてはいけないという考えと姿勢を貫きました。ずっとその精神で競技を続けていましたが、メキシコ五輪で限界だと感じました。政治的な厳しい背景の中で、小さな国でも大きなことができるという意地があって、何としても勝ちたかった。その精神的なプレッシャー、責任の重さ、マスコミの重圧に、圧迫されたのです。メキシコ五輪後は平均台などの体操器具を見るだけで吐き気をもよおすようになりました。

そして、チェコに帰国してからは政治的プレッシャーに経済的プレッシャーも重なり、それらすべてが私を限界へと追い詰めました。でも当時はまだほんの少しだけ余裕がありました。それが本当の限界に近づいたのが、プラハ城での大統領府の仕事、大統領補佐官としての仕事でした」

――そういえば以前の取材で、大統領補佐官の仕事と比べると五輪のプレッシャーは『桜の木の下の散歩のようなもの』と言われたことを思い出しました。

「そう、春の散歩は楽しかったのです。ですが、大統領府の仕事は私が体験した中で一番辛いものでした。まず、ものすごく忙しい。そして、ものすごく責任を背負った仕事でした。ビロード革命の後、ハベル大統領が選ばれて国民は心から彼に期待をしていましたが、まだまだ国の機関は共産党にコントロールされたままでした。唯一の民主主義の機関が大統領府でした。ですからすべての機関の代わりに、大統領府が仕事を抱え込んでいたのです。内務省や教育省などの機関はほとんど機能していませんでした。それぞれの機関が共産党の勢力を排除することができませんでした。ですから大統領府の大統領補佐官として、私は国民の期待をすべて背負って働いたのです。

肉体の疲労も限界でしたが、精神的な疲労も限界でした。ですが、ハベル大統領に自分のビジョンと自信を維持してもらうため、彼の耳に入れたくない情報や読んでほしくない手紙などは、すべて私のところに回ってきました。革命に満足していない人々、前政権を支持していた人たちの抗議も、すべて私のところに集中しました。私の子供に対する脅迫状まで届きました。普通なら感情的に混乱して耐えられないと思います。私は一九九二年にチェコとスロバキアの分離が決まるまで、何とか耐えました。

実は一九九〇年の大統領補佐官就任から1年後、私は限界だから辞任したいと申し出ていました。でもハベル大統領のオルガ夫人に『今は大切な時期ですから、何とか次の選挙までもう少し我慢してください』と頼まれたのです。私はあの時点ですでに限界を超えていたと思っています。

同時にチェコ五輪委員会の会長とIOC委員の仕事も忙しかった。やっと国が分かれて、大統領補佐官も辞任して、さあこれからIOCの仕事にだけ専念しようと、自分の人生を少し整理して、ペースを少し緩めようと思っていた矢先に、家族の事件が起きたのです。心身の疲労の限界を超えた時に、事件が起きてしまった……それで、海の底の底まで沈んだという感じになりました」

3　盟友への祈りと心の復活

それから7年の歳月が流れた。二〇〇七年九月、遠藤幸一は日本体操協会の広報担当の常務理事として、ドイツ・シュツットガルトで行われた世界選手権に日本チームとともに出向いた。

体調を崩していた父・幸雄の精密検査の結果が出た直後の出張だった。現地で親しい友人でもあるチェコ体操協会のアントニーン・ガイドシュ氏に会った。彼が父の知人だったこともあり、『父の病気、癌なんだ』とつい打ち明けた。すぐにガイドシュ氏は幸雄の古い友人であるチャスラフスカにこの事実を伝えた。

その頃、チャスラフスカはまだ老人ホームにいたが、容体は少しずつ上向いてはいるようだった。電話だったか、メッセージだったかは定かではないが、遠藤の病名を耳にした時、彼女の中でハッと何かが動いた。どうしたらいいのか、今の自分に何ができるのか、自問自答した。

きっとチャスラフスカはその時、一九六〇年ローマ五輪での日本選手との出会いから、一九六四年東京五輪、一九六八年メキシコ五輪と、苦しくも楽しかった〝桜の下の散歩〟を思い出したのではないだろうか。「きっと次は一緒に金メダルを」と目と目で誓い合った日、ハガキの交換、そして東京五輪での約束の金メダル獲得……。ただ無心で、懸命な努力と情熱でスポーツに打ち込んだ日々を思い出した時、そして日本人とのあの温かく懐かしい交流の日々を思い返した時、チャスラフスカの中で何かのスイッチが入ったのではないだろうか。

敬愛する人が恐ろしい病に冒され、生命が危ぶまれていると聞いた時、おそらく彼女は居ても立ってもいられなくなった。そして、生きているのに、死んだような生活をしている自分に、どこか後ろめたさを感じたのではないだろうか。固く閉じた鎧戸が、少しだけ揺れるように動いたのではないだろうか。

遠藤の病を伝え聞いたチャスラフスカの行動は早かった。福井県に在住していた友人で元カレル大学教授のフィアラ氏に、「遠藤幸雄のもとに届けてほしい」と1通の手紙を出す。

フィアラ氏はその手紙をチェコ語から日本語に翻訳して、遠藤の自宅へ送った。二〇〇七年十一月十七日に遠藤のもとへ届けられた。

チャスラフスカ自身のポートレートが添えられた手紙には「早く病気が治ってほしい」という内容の遠藤への激励のメッセージとともに、遠藤の主治医にもメッセージが添えられていた。

「ユキオ・エンドーは私の体操の師であり、大切な友人です。医術、科学の力で何とか助けてください。最大のお力を貸してください。祈っています。

友人　ベラ・チャスラフスカ」

手紙が届く直前に食道癌の手術を受けていた遠藤は、その手紙を直接、主治医に手渡した。

「元気になったら何がしたい」と幸一が聞くと、父は「欧州旅行をして長く世話になった人たちに、お礼を言いたい」と答えたという。幸一が振り返る。

「父らしい婉曲《えんきょく》な言い方でしたが、その中にはベラさんもイメージされていたとは思います」

チャスラフスカのメッセージも励みになったのか、遠藤はその後、退院できるまで回復した。だが、北京《ペキン》五輪開幕直前の二〇〇八年七月に再び体調を崩して再入院する。

ちょうどその頃、チャスラフスカに大きな変化が起きた。

長い間、外部との接触を絶ち、かたくなに自分の殻にこもっていた彼女は、八月二十一日付のチェコの主要紙『イドネス』のインタビューに応じたのだ。

グルジア国内の非政府支配地域で起きた紛争が発端となり、その地域にロシア軍が侵攻してきたことについての感想を同紙に求められて、ひと言だけだったがメディアに重い口を開いた。

八月二十二日付の読売新聞のウィーン発の記事にはこう書いてある。

【東京、メキシコ五輪金メダリスト、チェコスロバキア女子体操のベラ・チャスラフスカさん（66）が、21日発行のチェコ主要紙イドネスのインタビューで、40年前の民主化運動「プラハの春」がソ連軍侵攻で挫折した体験を踏まえ、ロシアのグルジア侵攻を「40年前とほとんど変わっていない」と非難した。プラハ在住のかつての体操の花は、元夫が息子の暴行で死亡した事件後、10年以上も世間と接触を絶っており、メディアへの登場は異例】

なぜ、彼女はこの時期になって突然、メディアのインタビューに応じたのだろうか。

ロシアのグルジア侵攻という話に、40年前の憤りがよみがえり、それが導火線となって、心の奥深いところに点火したともいえる。しかし、それまで10年以上も重く閉ざされていた鎧戸の中に、なぜ導火線が届いたのか。

私はこう仮説を立てた。遠藤の癌との闘いを知り、チャスラフスカの心の中にある何かが動いた。深い闇でもがきながら、かつての盟友の回復を祈り、必死の思いで手紙を綴る。それが何か外部へ通じる、細い光の筋になっていったのではないかと……。

二〇〇八年秋の叙勲で旭日中綬章を受章した遠藤は十一月十三日、皇居での拝謁《はいえつ》に、車椅子で出席した。

その5日後、再びチャスラフスカからメールが届く。

「親愛なる幸雄様

かの誉《ほま》れ高い叙勲、旭日中綬章のご受章、誠におめでとうございます。心よりお祝い申し上げます。愛する幸雄さん、これはあなたにとってだけでなく、私たち体操を愛する者全員にとって、誉れ高く、誇り高いことです。

このような貴い受章をなし得たあなたが、元の力を回復し、東京オリンピックの時と同じく、何ものにも打ち克《か》ちますよう、心を込めてお祈りいたします。勿論《もちろん》、相手は倫理やフェアプレーを備えたスポーツマンのような生やさしい相手ではありません。ちっともわけの分からない相手との闘いですけど、絶対に勝ってくださいね。旭日中綬章を受章し、かつて、かのオリンピックで素晴らしい力と強い意志を見せつけて下さったあなたなら、絶対にできます。そして、あの頃と変わらず、いつもあなたのことを忘れずに応援している私達のことも思って下さい。私はあなたのことを大変に敬愛しております。あなたの、あの強い決断力、強い意志力が今こそ、あなたと共にありますように。私は毎日、日々の祈りにあなたのことを思い、私の気力と意志が、少しでもあなたに届いて、あなたの力となりますよう、心からお祈りいたします。あなたが授かった章のように、人生においても旭日を授かり、毎日、旭日があなたにいっぱい微笑《ほほえ》みかけますよう心からお祈りいたします。

　あなたのベラ、そしてチェコとスロバキアの友人達より」

幸一はチャスラフスカから届いたメールを父・幸雄の枕元で読み上げた。

幸雄は目を閉じたまま「うん、うん」と静かにうなずいて聞いていたという。

幸一はチャスラフスカに父や家族の写真を添付してお礼のメールを送った。すると今度は幸一宛に英文で激励のメールが届いた。

二〇〇九年三月二十五日、遠藤幸雄は永眠した。享年72。最後に小さかったが、はっきりとした声で「ありがとう」と言ったという。

家族はもとより、父母のいなかった子供時代を支えてくれた恩師、体操を通じて出会った師や友人、最後まで励まし続けてくれたチャスラフスカ、自分の人生を取り巻くすべての人々へ、感謝の気持ちを込めて、しぼり出した言葉だったのかもしれない。

その後、遠藤幸雄お別れの会には、チャスラフスカから「ユキオ・エンドーは人生で大切な存在でした」との弔電が届けられた。

遠藤幸雄の死から8カ月後の二〇〇九年十一月十七日、プラハで毎年行われているチェコの五輪代表選手たちによる「チェコスポーツマンの集い」が開催された。その日は、ビロード革命の発端となった若者たちによる最初の集会が開かれて20年目の記念日でもあった。

その会場に突然、チャスラフスカが姿を見せた。もう何年も出席を拒み続けていた。毎年電話で参加を呼び掛けていた五輪仲間も、諦めていた。それが、突然……。旧友たちは驚いた。「ベラはついに自分で閉めた棺《ひつぎ》のふたを開けて出てきた」と、大騒ぎになった。みんなが次々にチャスラフスカを抱きしめた。涙を流すものもいたという。

私は二〇一二年にプラハを訪れた際、その場に居合わせたというチェコの元アイスホッケー代表選手に当時の様子を聞いた。

「いつも集会の連絡はしていたけどベラはずっと欠席でした。あの年に関してはベラへ連絡した際、友人みんなで代わるがわる電話口に出て出席を呼び掛けたのです。『いいかげんに出てこいよ』『もうそろそろ出てこないとオレは死んじまって、お前は後悔することになるぞ』『ベラ、みんな待ってるんだよ』ってね。かなり強い口調のものが多かったなあ。それが、良かったのかもしれないね。俺なんかレストランの扉を開けて入ってくるベラを見て、腰を抜かしそうになったよ。初めは幻を見ているんじゃないかと思ったね。でも、本当に心の底からベラの帰還が嬉しかったよ」

チャスラフスカ復活のニュースは、口伝えに広まった。その後、プラハで行われた日本の映画祭にも出席して、久しぶりに人前でスピーチも披露した。突然の帰還について彼女は「さぼっていた守護天使が戻ってきたのよ」と話した。全身にスイッチが入り、自分を取り戻したのだという。

いったい彼女に何が起きたのか。娘のラトカはこう振り返る。

「何が母に起きたのかは、誰にも分かりません。みんな聞きたいし、みんな知りたい。私だって知りたいけど、多分、説明がつかない。病気になった時も理由が分からなかった。厚い扉を押さえ込んでいた、そのものすごい力が何だったのかも分かりませんでした。今度は逆です。復活も奇跡としか思えません。ある日、自分の守護神である天使が戻ってきたと母は言ってますが、本当にそうとしか思えない。日常生活も昔と同じようになりました。精神科の医者も『今のように自分を取り戻すとは考えられない。同一人物とは思えない』って話していました。私もそばで見ていて、なぜ正気になったのか分からない。複合的なもので、毎日毎日、自分で自分にナイフを突きつけるように、自分

に向かって鉄砲を撃ち続けていたあの頃の母を思うと、今は心から安堵《あんど》しています」（二〇一四年三月）

翌二〇一〇年十一月三日、日本から秋の叙勲でチャスラフスカに旭日中綬章の授与が決まったという連絡が届いた。

受章の理由は、日本に知己が多く、日本とチェコの友好促進に貢献した点が高く評価されたというものだった。あの遠藤幸雄と同じ叙勲に、チャスラフスカはひときわ感慨深げだった。

「大好きな国からの表彰でしたし、ユキオ・エンドーと同じ叙勲であることも誇りに思いました」とコメントした。

この受章を受けて、チェコ日本商工会の中越事務局長は、十一月二十六日の例会及び忘年会での記念講演会をチャスラフスカに依頼した。

プラハの会場には同商工会が行った講演会で最も多い、130人が参加した。机の上にはチャスラフスカと遠藤幸雄が互いの手のひらを見せ合う2ショットの写真が飾られた。チャスラフスカのスピーチは90分にも及んだ。

中越事務局長がその日のことをこう振り返る。

「他のメンバーとともに、後藤正治氏の著書『ベラ・チャスラフスカ　最も美しく』を読みました。精神を病んで、誰にも会わないというくだりがありましたが、当日のベラさんは別人でした。東京五輪から46年も過ぎているのに、あの日を再現するように私たちの前でハイヒールを脱いで、前後開脚まで披露する大サービスもしてくれました。会場いっぱいのお客さんは万雷の拍手で大喜びしましたよ。質問にも一つ一つ丁寧に答えてくれて、会場は沸きました。お客さんたちも『どこが病気だったんだ？』って、病気そのものを信じないというくらいでした」

　復活の理由について、チャスラフスカは「守護の天使が戻ってきた」という答えを繰り返していた。もしかすると、彼女自身にも本当の理由はよく分からないのかもしれない。ラトカの言うように、いろんな要因が複合的に重なり合って回復したというのが真実かもしれない。しかし、それにしても、14年もの間、どんな最新治療も効果がなく、医師からも「もう回復することはない」と見放された人間が、理由も分からず、突然に、それもここまで劇的に回復するとは、やはり考えられない。

　私は、彼女の心を激しく動かす、何か決定的な要因があったはずだと考えた。そして、取材をすすめていくうちに、それが盟友、遠藤幸雄の死ではなかったかという一つの仮説にたどり着いた。そして二〇一四年二月、日本時間の二〇〇八年十一月十八日午前1

時15分に届いた、彼女が癌と闘う遠藤に送った旭日中綬章のお祝いのメールの中に、この一節を発見した時、私は自分の仮説に確信を持った。

「私はあなたのことを大変に敬愛しております。あなたの、あの強い決断力、強い意志力が今こそ、あなたと共にありますように。

私は毎日、日々の祈りにあなたのことを思い、私の気力と意志が、少しでもあなたに届いて、あなたの力となりますよう、心からお祈りいたします」

自らの症状は上向いてはいたが、まだ外部との接触は避けていた時期である。チャスラフスカは毎日、遠藤の回復を祈り続けた。自分の気力と意志を心の底に湧き上がらせるようにして、それが遠藤の心に届くように念じた。言葉ではなく心と心を通じさせて、東京五輪の金メダルを約束した時のように、きっとそれは通じる、そう信じて、彼女は毎日、毎日、ろうそくの炎が消えたような状態だった自らの心に、気力と意志をよみがえらせていたのではないか。

二〇一四年三月、プラハでのチャスラフスカへのインタビューの中で、私は最も確認したかったことを直接、本人に尋ねた。

——長い間、誰にも会わず、心を閉ざしていました。ベラ・チャスラフスカの人生は終わったとも見られていました。その一方で盟友が癌と闘っていることを知る。あなたは毎日、遠藤幸雄のために祈りましたが、遠藤は亡くなりましたが、遠藤の癌との闘いが、遠藤の死が、あなたに何か生きることへのエネルギー、活力を呼び起こす、引き金になったとは考えられませんか。

「気が付きませんでした。その点は一度も考えてみたことがありませんでした。でも、今、あなたに言われて初めて、何かエンドーとつながりがあったのかもしれないと思いました。たまたま偶然ではなく、本当に関連している可能性があるのではないかと。いや、確かに、あったように思います。

エンドーと私の関係は純粋な友情でした。何の利害関係もなかった。最初から最後までそうでした。ですから、不思議なことですが恋愛関係よりも、もっともっと深みがあるように感じていました。日本人との縁は本当に特別なものでした。私はみんなと仲良かったのですが、中でもユキオ・エンドーは特別な存在でした。私の症状は上向いてはいましたが、確かにその頃から、時間がもったいないと思うようになりました。悲しんでばかり、苦しんでばかりでは時間がもったいないと感じるようになったのです。そして、止まったままの心の時間を、少しずつ動かす作業をしようという気持ちになっていったのです」

私の問いにチャスラフスカは最初に驚いたような顔をした。自分でも思ってもみなかったのだろう。しかし、当時の遠藤とのことを自らの心の中に問い直していくうちに、彼女は私の仮説に納得したように、何度も首を小さく縦に振った。

遠藤幸雄との2ショット。当時、流行っていた「シェー」も習っていた（上3点　提供／遠藤家。左下　提供／フォート・キシモト）

第7章　再

1　拾った小石と刀

二〇一一年五月、世界体操選手権が予定通り十月に東京体育館で開催されることが発表された。

三月十一日の東日本大震災による国内の甚大な被害に加えて、福島第一原発の放射能汚染を恐れる外国勢の不参加の危惧も重なり、開催が危ぶまれていたが、とりあえず開催することで意見がまとまった。一方で、大会の盛り上がりを、不安視する声も根強くあった。

六月、スポーツカメラマンのパイオニアの岸本健、その岸本が代表を務めるフォート・キシモトの取締役でゼネラルマネジャーの松原茂章、元体操選手で日本体操協会の総合企画委員長の堀荘一が、顔を合わせる機会があった。そこで秋に開催されることが決まった世界選手権を盛り上げるにはどうしたらいいのかという話題になったという。

3人は一九六四年の東京五輪のことを鮮明に記憶している世代でもあった。

特に岸本は女子体操のチャスラフスカの存在感に圧倒されて、「プラハの春」と呼ばれた一九六八年のチェコ民主化運動の際に、プラハまで出向き、彼女のプライベート写真の撮影にも成功していた。岸本の言葉を借りれば「ベラの追っ掛けの一人」というほどの熱の入れようだったという。

東京五輪当時、堀は高校一年で松原は小学五年、ともにチャスラフスカの美しさ、魅力が今もしっかりと心に刻み込まれていた。

3人はチャスラフスカやラチニナといった大人の女性の魅力に満ちた体操を、それ以降のいわゆる白い妖精と呼ばれたコマネチに代表される、低年齢の少女による曲芸的な体操と、くっきりとした違いでとらえており、あの時代の体操を懐かしんだ。

そのうちに、世界選手権に絡めて、もう一度チャスラフスカを日本に呼べないだろうかという話になった。そうすれば世界選手権への世間の注目度もぐっと高まるという考えだった。唯一の気掛かりは、彼女の病状だったが、岸本は闘病中の遠藤幸雄のもとにチャスラフスカがお見舞いの手紙を送っていたことと、前年の二〇一〇年十一月に旭日中綬章を受章した際にも、喜びのコメントが新聞に掲載されていたことを思い出し、実現へ向けて動き出した。

松原の行動は素早かった。「ともかく現在の様子を探ってみます」と、さっそくチェコ日本友好協会やチェコ日本商工会などに、チャスラフスカの今の様子をメールで問い合わせた。するとチェコ日本商工会の中越事務局長から、「二〇一〇年十一月二十六日の商工会での講演で90分間のスピーチをこなした。病の時期は終了しています」という心強い内容のメールが届いた。

そこで東京五輪の男子体操の金メダリストで、チャスラフスカの友人でもある鶴見修治氏にも加わってもらい「チャスラフスカさんを日本に呼ぶ会」を立ち上げ、体操協会や関係団体などにも協力を呼び掛けた。同時にチェコにいるチャスラフスカ宛に来日の招待状を送った。

七月六日、チャスラフスカから正式に招待をお受けするとの連絡がきた。東日本大震災の被災地への慰問を希望するという申し出も書き添えられていた。

「日本に呼ぶ会」を運営する上で、驚かされたことがあった。松原が言う。

「僕が中心になってチャスラフスカの講演会と歓迎レセプションの会費を募りました。体操協会や日本体育協会、オリンピアンズ協会など、精いっぱい手を広げてお願いを出したんですが、問い合わせと反響の大きさに心底驚きました。チャスラフスカに好意的な人がこんなに多かったのかという感じで、仕事の都合で当日は参加できないが、彼女のためなら喜んで寄付したい、という申し出もかなりありました。もちろん東京五輪の強い印象が残っていたのでしょうけど、『二千語宣言』への署名を撤回しなかった彼女の真っすぐな生き方への称賛や、家族や病気で苦労をしたことへの激励もあったと思います。本人の他に娘のラトカさんと通訳の3人分の航空運賃と滞在費が十分にまかなえる金額が瞬く間に集まったのです。

また病気は治ったのか、体調は大丈夫なのか、さらにはあまり無理をさせないでくださいなどの声も寄せられました。東京五輪から47年もたつのに日本人にとって、彼女の魅力は今も薄れていないのだと感じました。同時に日本人って何だかいいところがあるなあ、捨てたもんじゃないなあって、同じ日本人として少し感心しました」

1週間の滞在は過密スケジュールになった。世界選手権の観戦の他、歓迎レセプション、講演会、仙台での復興支援イベント、殺到した新聞への取材対応、さらに徳光和夫氏のラジオ番組へのゲスト出演やテレビ番組での対談などでびっしりと埋まった。この過密スケジュールの合間に、チャスラフスカは遠藤幸雄の墓参りの予定も入れた。

病み上がりのチャスラフスカには、過酷すぎる日程ではなかったのか。

この時の世話役としてチャスラフスカ一行に付き添っていた山本尚子《やまもとなおこ》氏が、こんな話をしてくれた。

「かなり厳しい日程でしたが、誠実にこなされていました。スケジュールの合間に『チヨット、ネル』と言って仮眠を取ったり、『デハ　マタ、アシタ』とか、ユーモアのある日本語で必ず挨拶をしてくれました。長く心の病を抱えていたと聞いていたのですが、心配はゼロでした。ものすごく活力があって、精力的に人に会い、取材も受けていました。どこが病気だったのか私にはまったく分かりませんでした。

3日目のラジオ収録の後に昼食をご一緒しました。何を食べたいですかと聞くと、『ラーメン』という返事だったので、ネットで探して新宿の有名店に案内しました。メニューを説明したら、娘のラトカさんとともに『辛みそラーメン』を注文されました。お二人ともメキシコに住んでいたので、辛いものが大好きになったそうです。お箸の使い方もとても上手で驚きました。特にラトカさんは子供の頃から練習していたと話していました。チャスラフスカさんは二本の箸を左手で何度かそろえなおしてはいましたが、『トテモ、オイシイデス』と汗をぬぐいながら食べていました。1週間の中で私が不安になったり、困るようなことは、何一つありませんでした」

滞在7日目、チャスラフスカは遠藤幸雄の妻・保子さん、長男・幸一氏とともに、東京・白金高輪《しろかねたかなわ》にある遠藤の墓参りをした。都会のオフィス街の一角にたたずむ墓地では、菊の花に小さな蝶《ちょう》が舞っていた。

すでにチャスラフスカと保子さんは、数日前の歓迎レセプションで顔を合わせていた。そこでチャスラフスカはチェコから持参した布製の壁掛けを保子さんに手渡した。

「チェコでは福を呼ぶと言われています。遠藤さんのご家族のために持ってきました」

保子さんは何度も頭を下げ、「夫はチャスラフスカさんのように心を通わせられる方がいて本当に幸せだったと思います」と言って声を詰まらせたという。

墓前でチャスラフスカは日本式に手を合わせて、長い祈りを捧《ささ》げた。そして、墓石の脇にころがっていた小石を拾い上げ、しばし握り締めてから、そっとポケットに忍ばせた。手のひらに収まるほどの小さな石だった。日本では見慣れないこの行為を、彼女は家族にこう説明した。

「チェコには小石や割れたものの破片には魂が宿ると信じられています。ですから、こっそりとユキオ・エンドーの小さな魂をチェコに持ち帰ります」

線香の煙が空高く、伸びていた。

その日の午後、チャスラフスカは東京五輪の時に日本刀を贈ってくれた、あの大塚隆三の家族と都内のホテルで対面した。

実は来日直前、朝日新聞に【来日するチャスラフスカさんが日本刀を贈ってくれた恩人である「オオツカ・リュウゾウ」という人物の消息を捜している。47年前のお礼を言いたい】という記事が掲載された。手掛かりは「オオツカ・リュウゾウ」という名前と、当時交わした「東京　新宿　戸塚３９４７　ヤマザキ様方」というメモだけだったが、消息はすぐに判明した。新聞を見た大塚の知人が「あの話は本当だったんだ」と驚き、新聞社に連絡したのだ。

対面に訪れたのは大塚の妻・靖子さんと、4歳上の姉・弘子さんだった。

残念ながら大塚は亡くなっていた。一九九一年十月二十九日、翌日のゴルフを楽しみにしていた大塚は、天気を気にしながら布団に入ったという。翌三十日朝、すでにゴルフに出掛けたと思っていた妻の靖子さんは、夫の寝室をのぞくこともなく、仕事に出掛けた。午後になって自宅に戻り、夫の部屋をのぞくと、まだ大塚が布団の中で眠っていた。「どうしたんですか」。驚いて近づくと、すでに呼吸はなかった。死因は急性心不全。53歳の若さだった。

大塚に会うことはかなわなかったが、チャスラフスカは妻と姉の二人の手を握り締め、「貴重な刀をありがとうございました」と感謝の言葉を述べた。そして、チェコでの苦しかった時代に、この刀にどんなに心が救われたかを説明したという。

東京五輪の4年後の一九六八年メキシコ五輪で四つの金メダルを手に帰国したが、民主化運動を支持する『二千語宣言』に署名したことで迫害を受け、何度も連行され、5年間も仕事を与えられなかった。困窮する不自由な生活を、名前を隠し、変装をして、掃除婦をしてしのいだ。政府に何度も署名撤回を迫られ、脅迫も受けた。撤回すれば名誉のあるコーチの職に就けると言われても、絶対に首を縦に振ることはなかった。

その強い心を支えてくれたのが、この日本刀だった。

「手渡された当時はサムライの歴史もほとんど知りませんでした。その後、いろいろと本を読み、日本のことを学ぶうちに、日本刀には魂が宿っていることを知りました。そしてその魂に支えられました。刀は日本の一部であり、日本からもらった魂でした。私はどんな時代にあっても、この刀を信じていました。時々刀を見つめることで、サムライの魂を感じていたのです」

二人はうなずきながら聞いていた。そして、チャスラフスカはあらためて言った。

「今でもとても興味深く思っているのは、大塚さんが私に懸命に刀を渡そうとした、その決心です」

その日本刀はプラハの日本刀研究会の第1号に登録された。

2　二度目の誓い

16年ぶりの日本滞在から帰国したチャスラフスカは、大震災で被災した日本人に対して、自分が何かできないかを真剣に考えた。仙台を慰問した時に、被災地の子供たちと交流したことが印象に残っていたこともあり、被災地の子供たちをチェコに招待することを思い付いた。

チェコ日本友好協会の名誉会長でもあるチャスラフスカの提案を実現するため、同協会はすぐに動いた。プラハなどで音楽会などのチャリティーイベントをたびたび開催し、日本への寄付を募った。そして、被災地の岩手・陸前高田市、大船渡市の教育委員会と連絡を取り、二〇一二年三月に中学2年生26人（男子12人、女子14人）をチェコへ招くことが決まった。

この子供たちのチェコへの招待旅行には、チャスラフスカを取材するためにプラハを訪問した私も立ち会うことができた。現地での数々のイベントは子供たちを喜ばせるための、きめ細かなアイデアに溢れていて、感心させられた。

チェコの人たちへの感謝も込めて、少しその内容について触れておきたい。

プラハ到着の翌日は、旧市街やプラハ城の見学だった。普通の観光ツアーは目的地をバスで移動して、観光地では専属ガイドが先導する。私もそう思っていた。ところが、子供たちは地下鉄での移動だった。地下鉄になじみのない岩手の子供たちにとっては新鮮な体験だったのではないだろうか。同行した私自身もチェコで地下鉄に乗るのは初めての体験だった。驚いたのは猛烈に速い駅のエスカレーターだ。手すりにつかまり、ようやく体をステップに乗せた。落下するようなスピードに加え、日本の駅のそれに比べると3倍くらい長い。その衝撃は大きかった。これから先の観光に、期待と不安が交錯した。

目的地の駅からブルタバ湖畔の丘まで歩くと、白いロングワンピースを着たお姫さまが姿を現した。その華麗なチェコ美人がステッキを振って言った。

「ここに町を造るがよい。その町をプラハと名付けましょう。さあ、皆の者、プラハ城を目指せ！」

チェコ発祥のリブシェ伝説をそのまま再現した粋な演出、それをカレル大学の日本学科の学生が、子供たちに補足説明をしながら移動する。まるでタイムマシンに乗ったように、子供たちを二〇一二年から九世紀のボヘミア国家最古のプシェミスル王朝時代へ誘い込んでゆく仕組みだった。日本の観光ツアーとはひと味違った、手の込みようだった。

翌日はプラハの動物園を見学した。ただ珍しい動物を見て歩く通常のツアーとは、まるで視点が違っていた。子供たちの一人に前日に生まれたばかりのキリンの赤ちゃんの名付け親になってもらうというのだ。そしてジャンケンで選ばれた女の子が自分の名前「紗弥《さや》」を命名すると、ボランティアの大学生がカバンの中から習字セットを取り出し、硯《すずり》で墨をすって、その女の子に半紙に筆で名前を書かせて、壁に貼った。ある女の子が私に「もったいないほど楽しい」と小声で言って肩をゆすった。

その後も工場見学やホームステイなどの趣向を凝らした行事が連日続いた。被災地に暮らす子供たちにとって、チェコ滞在の8日間はどんなに充実したものになっただろうか。多感な14歳の胸に、何年たっても忘れられないシーンが刻まれたように思う。

チェコのおもてなしは、日本を愛するチャスラフスカと彼女を取り巻く人々が、日本の精神と文化を学び、日本人はどうすれば喜ぶのか、どんなことに関心を示すのかを真剣に考えた上で、そこにチェコのオリジナリティーをまぶしているように感じられた。チャスラフスカが現役時代に山下跳びを遠藤から懸命に学んでマスターし、その大技を自分なりにアレンジしてヴェルカという技に仕上げた、あのエピソードをふと思い出した。さらに、以前、金子明友氏が話した『五輪書』の「万里一空」という言葉にも通じる精神が、少し姿を変えて、チェコと日本の空をつないでいるようにも思えた。

四日目のスポーツ大会でチャスラフスカは子供たちに「あなたたちの先輩で、素晴らしい体操選手だったユキオ・エンドーを知っていますか」と幾度となく問い掛けたが、子供たちは無反応だった。あの東京五輪の金メダリストを、遠藤幸雄の名前を、誰ひとりとして知る者がいない。その事実にチャスラフスカは少なからずショックを受けた。

子供たちが日本に帰国した後も、そのことが彼女の心の中に波紋となって広がっていった。東京五輪の栄光を知らない世代とはいえ、日本人があの遠藤の名前を知らないということが寂しく、残念だった。体操選手としても、人間としても最高に素晴らしい遠藤の名前を、もう一度、みんなに知ってもらいたい。チャスラフスカの思いは日に日に強くなった。

そんな時、3年前に遠藤の訃報を伝えた記事のことを思い出した。そこには遠藤が小さな頃に父母と別れ、感恩講という孤児院で育ったことが書かれていた。遠藤本人からチャスラフスカは一度もそんな生い立ちを聞いたことがなかった。訃報記事を見て初めて知った事実だった。

「記事を見た時には本当にびっくりしました。どんなに苦労した人生だったでしょう。私の知っているユキオ・エンドーは冗談好きで、笑顔の絶えない人でしたけれど、その裏にあったものは計り知れない険しい人生だったのかもしれません」（二〇一四年三月）

二〇一三年、チャスラフスカは3年前から取り組んできた基金活動に遠藤幸雄と自分の名前を刻んだ。

『オリンピック選手ベラ・チャスラフスカ氏と遠藤幸雄氏のファンが体操の才能を支援する』というプロジェクトを立ち上げ、そのプロジェクトを通じて資金を集め、社会的に弱い立場にある家庭の体操選手を目指す子供を支援するのが目的だった。チャスラフスカは日本体操協会を通じて、遠藤の長男・幸一にも了承を求め、実現へ踏み出した。

二〇一四年三月の私のインタビューに彼女は基金設立の経緯についてこう話した。

「今の日本の子供たちは遠藤さんのことを全然知らなかった。私は非常に寂しかった。でも考えてみたらチェコの子供たちもザトペックさんのことを知らない。そこで財団の設立を思い付いたのです。目的は二つあります。一つは、遠藤さんは孤児という難しい環境から、苦労して、努力を重ねてトップになりました。だから体操を続けたいのに事情があって家族の援助を受けられない子供たちを支援します。もう一つの目的は遠藤さんの名前を広く世界に知ってもらうことです。

現在は体操をしている約20人の子供たちに、遠征費や体操教室に通う交通費などを支給しています。今後は競技も人数も、そして日本にも広げていきたいと思っています。遠藤さんとともに」

遠藤と東京五輪での金メダルを誓い合って半世紀がすぎた。チャスラフスカは今はなき盟友に、再び、そして今回も言葉を交わすことなく、2度目の誓いを立てた。

3　アリとチャスラフスカ

長く深い闇を抜け出したチャスラフスカは、それまで以上に日本との絆を深めていった。一方で失った時間を取り戻すかのように、世界の表舞台で、精力的な発言も開始した。

二〇一四年二月十八日、ソチ冬季五輪開催中に、開催国ロシアの隣国ウクライナで激しい紛争が起きた。反政府勢力によるデモを、治安当局が武力で制圧しようとして衝突。28人の死者が出た。二〇一三年十一月に親ロシア派のヤヌコビッチ政権が、EUとの政治・貿易協定に調印しなかったことで、親欧州派の野党と対立。それが五輪期間中の大規模な紛争へと発展した。親ロ政権は崩壊し、ヤヌコビッチ大統領はロシアへ逃亡。三月に入ってロシアがウクライナのクリミア半島に軍を派兵した。私がプラハでチャスラフスカにインタビューをする直前に、クリミア半島にはただならぬ緊張状態が続いていた。

チャスラフスカの動きは速かった。チェコのメディアを通じて、ソチ五輪開催中にメッセージを発信した。ウクライナの町々では自由と民族の誇りをかけた戦いが行われていると言及した上で、ソチ五輪に出場していたウクライナの代表選手たちにエールを送った。

彼女にはその事態が、一九六八年のソ連率いるワルシャワ条約機構軍のチェコスロバキアへの侵攻と重なって見えていた。メッセージを出した直後のメディアのインタビューでこう答えている。

【私たちがあの当時どれほど自由を希求し、切望していたか。今回のウクライナの人たちほどは圧力に対して強健に立ち向かえませんでした。だから、自分たちの戦いが正当であって引き下がることができないと思っているウクライナの人々に、とても大きなシンパシーを感じたのです。（中略）メキシコ五輪の開会式で私たち選手団が入場したとき、満員の観客が「チェコ、チェコ」とシュプレヒコールの声を上げてくれました。それは、本当に私たちに力をくれました。だから、ソチ五輪のウクライナの選手たちに大きなエールを送ると言いました】（チェコ国内でのメディアのインタビューに答えて〝涙がこぼれないように〟二〇一四年二月十九日）

私はチャスラフスカのこの話を聞きながら、ある人物の顔を思い浮かべていた。一九九六年アトランタ五輪で聖火の最終点火者を務め、二〇一二年ロンドン五輪の開会式にも姿を見せた、あのプロボクシング元世界ヘビー級王者のムハマド・アリである。私はチャスラフスカの取材をしていくうちに、スポーツの枠を超えた自由と平和の象徴と言われるアリと、チャスラフスカの生きざまに、実に多くの共通点があることに気が付いた。二人のヒストリーは、国と登場人物を変えると実によく似ている。しかも、同じ一九四二年生まれである。

ここでアリについても詳しく触れておきたい。

チャスラフスカが初出場した一九六〇年のローマ五輪に、アリもボクシングの米国代表として出場している。そこで18歳にしてライトヘビー級の金メダルを獲得する。意気揚々と地元ルイビルに凱旋《がいせん》帰国したが、黒人であることを理由にレストランへの入場を断られる。金メダルは何の役にも立たなかったのだ。彼はオハイオ川に金メダルを投げ捨てる。それが彼の長い闘争人生の出発点になった。

プロに転向したアリは東京五輪の開催された一九六四年、20戦不敗のまま世界ヘビー級王座を奪取。22歳で世界の頂点に立つ。「蝶のように舞い、蜂のように刺す」と形容された、華麗なフットワークと一瞬のカウンターは、大男たちの力づくの殴り合いだったヘビー級のボクシングを根底から変えた。圧倒的な強さで防衛を重ねたアリは時代の寵児《ちょうじ》となるが、不運にも彼の全盛期はベトナム戦争という時代と重なってしまう。

米国は一九六五年にベトナム戦争に本格参戦していた。当時、米国では18〜26歳の男子に兵役の義務があった。最大50万人を超える米兵がベトナムに投入された一九六七年、24歳のアリのもとにも徴兵カードが届いた。しかし、アリは会見でこの徴兵カードを焼き捨てて、こう言った。

「俺は行かない。なぜ黒人の俺が1万6000km も離れた土地に行って、罪もない有色人種の頭上に爆弾を落とす必要があるんだ」

「強いアメリカ」を象徴する若き王者の言動は大衆を扇動する力を秘めていた。激怒した米国政府は世界王座を剝奪し、ライセンスも取り上げた。つまり、ボクシング界からアリを追放した。そして、裁判に訴えた。「愛国心がない」「非国民」。バッシングを浴び、アリは大衆も敵に回した。何もかも奪われ、孤立した。刑務所に行くか、戦争に行くか。その選択に世間が注目したが、アリの信念が揺らぐことはなかった。

「俺にはもう一つ選択肢がある。それは正義の選択だ。アメリカに真の正義が浸透すれば、俺は刑務所にも戦争にも行かないだろう」

その後、裁判で懲役5年の実刑と1万ドル（当時換算で約360万円）の罰金が宣告される。しかし、アリは稼いだファイトマネーのすべてをつぎ込んで法廷闘争を続けた。

アリは当時、こうも語っている「白人が始めた戦争になぜ黒人が行かなきゃいけないんだ」。政権側にいるのは白人ばかりで、その決定にいつも黒人が従属させられる不条理。アリの真の敵はそんな『差別社会』だった。

当初、アリの戦いは大衆の支持を得ることはできなかった。しかし、ベトナムの戦況が悪化し、長期化するにつれ、世論にも変化が表れた。全米各地で反戦運動が盛り上がり、いつしかアリの戦いは『聖戦』として若者たちに支持されるようになる。

約3年7カ月のブランクを経て、一九七〇年十月にリングに復帰。その後一九七一年六月、ついに連邦最高裁で無罪を勝ち取った。史上初めてヘビー級王座に2度も返り咲くという偉業も成し遂げた。一九八一年の引退後、パーキンソン病に冒され、不自由な体になりながらも、アリは第二の人生を平和活動に捧げる。二〇一六年に亡くなるまで世界各地で活動を続けた。

スポーツの世界で頂点に立ち、自由を求めて政府と対立し、国家の圧力とバッシングにさらされ、それでも信念を曲げずに長い戦いを続け、やがて自由と平和の象徴的な存在となる。アリのその人生は、チャスラフスカのそれとそのまま重なる。しかし、二人に共通するのはヒストリーだけではない。国家権力を敵にしても、決して揺らぐことのない信念。たった一人でも戦い抜く強靭な精神。そして自由をさえぎるものへの断固たる反抗……二人は同じ魂を持っているといえまいか。

現代社会では真に自由に生きることは困難だと言われる。権力、差別、戦争、病……一人の力ではどうしようもない巨大な壁がいくつもある。大多数の人々は妥協し、流されてきた。そんな中で、アリとチャスラフスカはたとえ一人になっても、壁に戦いを挑み続けてきた。ゆえに大衆から「時代の反逆児」とも見なされた。しかし、二人は政治や権力に関心があったわけではない。信念を貫き通すことは当たり前であり、当然のことだったのだ。たとえ敵が国家権力でも。二人から見れば、信念を曲げて時代に流されることこそ、恐ろしいことだった。大多数の人々はずっと後になってそれを知ることになる。

二人に直接の接点はない。しかし、もっと大きな視点で見ると、二人の根本の敵は同じだったともいえる。それは冷戦構造による東西対立を背景に武力を増大させた国家権力だ。その東西対立によって東欧の共産圏の自由は束縛され、米国はフランスからの民主解放独立を訴えたベトナムに軍事介入し、ベトナム戦争に突入したのだ。

私は思う。もしあの激動の時代に、米国にアリが100万人いたら、東欧にチャスラフスカが100万人いたら、人類の歴史は大きく変わっていたのではないだろうか。

そして、それは今も同じだとも思う。あの時代を繰り返さないために、今の国家権力が間違った方向に向かっていかないように、私たちひとりひとりが自由と平和のために、権力に妥協せず、信念を貫かなくてはならないのだ。アリやチャスラフスカのように。

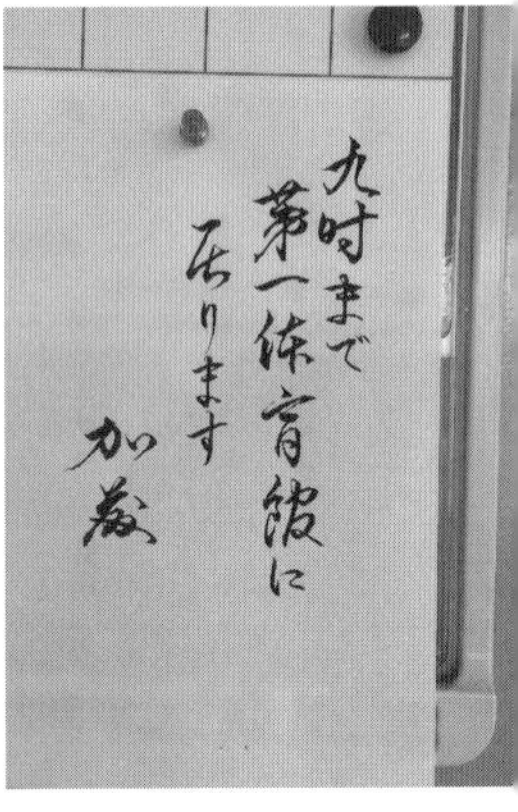

上　娘ラトカと来日時に（提供／チャスラフスカ）
下右　遠藤の後輩、加藤沢男白鷗大学教授（当時）の研究室の壁にかけられていた自筆
下左　日本人との交流は長く続いていた（提供／チャスラフスカ）

盟友・遠藤幸雄のお墓参りをしたチャスラフスカ（提供／フォート・キシモト）

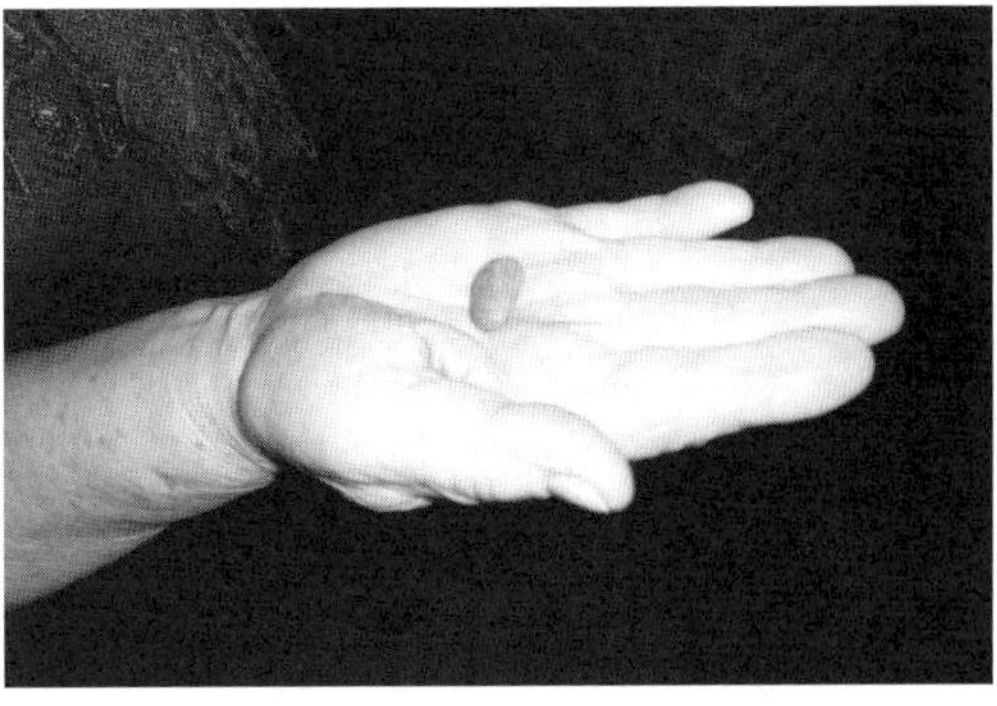

お墓から持ち帰った石をずっと大切にしていた（提供／著者）

終章　桜色の魂

二〇一四年三月、取材の総仕上げのつもりで訪れたチェコで、私はチャスラフスカに4日間、合わせて12時間にも及ぶインタビューの時間をもらった。東京五輪、メキシコ五輪、国からすべてを剝奪された苦難の時代、ビロード革命、大統領補佐官、深い病の闇、そして日本について、遠藤幸雄について。聞かれたくないであろう話題や、思い出したくないであろう過去も、私は覚悟を決めて、あらゆる角度から率直にぶつけた。その一つ一つの問いに、彼女は時に宙を見つめ、時には考え込むようにして、誠実に答えてくれた。

長い時間、彼女と過ごしていると、私は彼女が外国人であることを忘れた。その考え方や人生哲学から、私たちへの誠意、気配りまでが、まるで日本人のようだったからだ。それも、今の日本からすでに失われつつある、どこか古めかしい、懐かしい日本人を思い出させた。

私は彼女にこんな質問をした。

――ベラさんの『二千語宣言』への署名を撤回しなかった生き方は、「武士に二言はない」という日本の武士道の精神を思わせます。自分でそれを意識されたことはありますか。

「武士道精神かどうかは分かりません。ただ最近になって気付いたことがあります。私は日本人の記者へのインタビューに沢山応じてきました。彼らは必ず『二千語宣言』のことを聞きます。〝なぜ〟〝どうして〟〝何を深く考えたのか〟などという複雑な背景や理由を聞きたいらしいのですが、私には複雑な背景はないのです。自分で決めてサインをしたので、それを貫くことは当然なのです。むしろ署名を撤回することの方に複雑な背景や理由があるのでしょう。貫くことは当たり前だと思っています。

そして、ほとんどの日本人記者は『二千語宣言』をよく読んで、内容もよく理解しています。でもチェコで『二千語宣言』のことを本当に理解している人は今は極めて少ないでしょう。ですから、もし私が特別な理由で署名を撤回したとしても、チェコでは誰も気にしなかったと思います。でも、日本人は非常に深く失望したでしょう。だから、最近気付いたのですが、日本人との汚れのない大切な関係、絆を保つために、私が『二千語宣言』の署名を撤回しなかったという事実は、本当に重要なことだったと思っています」

――人生の節目、節目に日本人が考えるであろう選択をしてきたということですか。

「以前にも優秀な日本人記者が取材にきました。彼は一九八九年のビロード革命での私のスピーチについてこう言ったのです。〝もし『二千語宣言』への署名を撤回していれば、あのバルコニーに上がってスピーチする立場ではなかったでしょうね〟と。私は彼に言われるまで、そんなふうに二つを結びつけたことはありませんでした。その時、ハッと思ったのです。いくらスポーツで実績を残した選手でも、生き方を変えれば、日本ではその地位を失うのだということが分かったのです。私が署名を撤回しなかったことをこれほど日本人が重要視して、こだわる理由が深く分かったのです」

彼女の話を聞いていると、日本人のちょっとした発言や動作に、実に細かく反応してその心理を繊細に読み取っていることが分かる。そこにあるのはお互いを分かり合いたいと思う本物の知性。つまり鋭い観察力であり、深い洞察力であり、想像力である。もともとチャスラフスカには、その資質があったのだろう。だから、国境や言語の壁を越えて、日本の精神文化を、理解することができたのではないだろうか。

自分の人生を、日本人との関係性を、実に深く、しかも理路整然と語る目の前のチャスラフスカを見ていて、病に伏せったあの足掛け14年に及ぶ膨大な時間を、彼女は今、どう思っているのだろうか、私は聞きたくなった。

――許容が限界を超えたということは分かりますが、14年の沈黙というのは考えられない長さです。生まれた赤ん坊が中学を卒業して、恋の一つも経験するほどの時間です。その時間について今はどう思われますか。

「今はもったいなかったと思っています（笑い）。でも、あれは自分にとって非常に大切で、必要な時間でした。その長い時間のおかげで、私は鉄の体になりました（笑い）。あの経験がなければ、またいつか同じような問題が起きたような気がします。あの時代のお陰で私はやっと自由になり、初めて自分なりの生活ができるようになりました。何の奴隷でもない。以前の私は体操の奴隷、政治の奴隷、そんな感じでした。今は自由です。14年間は私にとって必要な時間でした。昔私を悩ませたような問題が再び起きても、今は乗り切れます。鉄になったので。やっと幸せを感じられるようになった今、残り時間が少ないのはもったいないことです（笑い）」

インタビューの最終日、私たちはイタリアンレストランのテーブルを囲んで話をした。終盤はそれまでのような取材する側と取材される側という垣根はなくなり、お互いの家族の話や、子育ての難しさなどの話題で盛り上がった。そんな和やかな空気の中、最後に私はこんな持論を彼女にぶつけてみた。

――ベラさんの人生の大きな決断をあらためて思い返す時、私はなぜか江戸時代の武士道教育を思い起こすのです。年長者の言うことには背くな、ウソをついてはいけない、卑怯な振る舞いをするな、弱い者をいじめてはいけない、ならぬものはならぬ……。べラさんの人生訓と似ていると思いませんか。

「すべて人間として当たり前のことです。ただし、何かを決めなくてはならない時や、何かを選ばなくてはならない場面に直面した時、確かに私は、日本人はどう考えるか、日本人ならどうするか、日本人ならどう判断するかを、いつも考えます。私は心の中に日本人という鏡を持っています。そこに映し出して自分の行動を比較します。日本人の真似ばかりしているわけではありませんが、一致することが多いのです。

日本は沢山の血や涙を流した戦争を経験しました。その後、世界に誇れる平和憲法を持ちました。それは心をあらためて手に入れたもので、私はとても感心しました。そして、日本はあの悲惨な大戦から19年後、東京五輪を立派に開催して、自分たちの底力を世界に見せつけました。日本人の生命力、何があっても絶望や失望だけでは終わらせない強い姿を、世界に向けてアピールしたのです。

私は50年にわたる日本との関わりの中で、日本人が人前で泣きわめく姿を見たことがありません。恐ろしい天災を何度経験しても、決して取り乱したりせず、驚くほど冷静に、再び立ち上がる努力をおこたらないのです。私の大好きな日本の歌『上を向いて歩こう』の歌詞にも、こうあります。大切な人を失うほどの深く大きな痛みを経験した時でも、頭を上げて上を向いて歩かなくてはならない。涙がこぼれないように……その生き方はまさに私の人生に、大きな力を与えてくれたのです」

「日本人の生き方が、人生に大きな力を与えてくれた」というチャスラフスカの言葉に偽りはないだろう。

誠意を尽くして接してくれた遠藤幸雄と日本の体操仲間たち。どんな時にも正義を貫いた吉田夏。失敗した段違い平行棒の演技を見て家宝の刀を差し出してくれた大塚隆三。ソ連の軍事侵攻の最中《さなか》、危険を承知でプラハに出向いてチャスラフスカを捜し、彼女のメッセージを日本に届けた西川順之助。確かに人との出会いに恵まれた。ただ、彼女への長いインタビューで私が感じたのは、その日本の良さを見極め、吸収できるだけの素地が、チャスラフスカという人間にもともとあったということだ。

遠藤幸雄は生前、妻の保子によくこんな話をしていたという。

「チャスは本当に凄いんだ。どんなに疲れていても、どんなに忙しくても、サインを求められると、すべての人に書く。絶対に拒まない。いやな顔をしたところも見たことがない」

自分への情愛には常に誠意をもって返す、まさに万里一空の精神を、彼女は持っていたといえる。

私が勇気について聞かせてほしいと言った時、彼女はこう言った。

「それほどオドヴァハ（勇気）がある方ではない。むしろ私の勇気は自分の良心に背く恐れから生まれた。ただ私は自分自身を裏切ることは、ただの一度だってできない」

その武士道精神にも通じるような気質も、彼女は元来、持っていたのだ。つまりチャスラフスカを支えた日本の力とは、彼女自身が、数々の出会いの中で、自らたぐり寄せ、引き出し、熟成させたものに他ならない。


この4日間、糖尿病を患《わずら》っているというチャスラフスカは病院に通いながら、毎日3～4時間、インタビューの時間を割いてくれた。私が帰国する前夜、自宅から数百枚に及ぶ山のような写真を抱えてきて、テーブルいっぱいに広げて見せてくれた。「参考になれば」と、チェコ語で書かれた自伝も貸してくれた。「いい本が書けるように、私もできる限り協力しますよ」と何度も言ってくれた。彼女の信頼と誠意を、私自身もしっかりと受け取った。

長時間に及ぶインタビューを受けてくれたことに感謝して、私はプラハの生花店で購入したオランダ直送のチューリップの花束を手渡した。「凄くきれいね」と言って、その花束を見ていた彼女がこう言った。「日本は、もうすぐ桜……」。そして、彼女が差し出してくれた名刺のメールアドレスにはこう記されていた「SAKURA@1964……」

翌日、日本への帰国便の出発時刻に合わせて、早朝にホテルを出た。石畳の街はまだ眠っていたが、どこからかパンの焼ける香ばしい匂いが流れてきた。空港へのシャトルバスのバス停に向かう途中、今回の旅で何度も使ったプラハ中央駅の横を歩いている時、私は駅の隣の空き地に立つ予想外のものに目が止まった。

桜の木だった。日本のソメイヨシノのような堂々とした木ではない。それほど背丈もなく、枝も細かった。

私は木の前まで行き、あらためて確認した。小ぶりの花が細い枝にしっかりとつかまっている。やや遠慮がちに枝を広げているが、間違いなく桜の木だった。チェコにも桜があるとは聞いていたが、最後の日に会えるとは思わなかった。

その桜の花を見つめているうちに、私はふとこう思った。

東京五輪でチャスラフスカは真紅のレオタードに身を包み、女優のように美しい姿で、華やかな演技を披露した。日本人を魅了したその姿は「東京の名花」と呼ばれた。おそらく私を含めて多くの日本人は優雅で高貴な薔薇《ばら》のような花を想像したのだと思う。しかし、彼女を取材していくうちに、私の名花への印象は変わった。

人の笑顔や声援を肥やしにして鮮やかに咲き誇った名花は、その後、何度も人々に踏み付けられ、花を散らし、水も肥やしも与えられずに枯れてしまう。しかし、その都度、凍えるような長い冬も、しっかりと根を張って風雪に耐え抜き、再び枝を伸ばして、満開の花を咲かせる。

チャスラフスカの人生とはまるで桜のようではないか。「名花」とは、まさに桜ではなかったか。

時代を超えて私の興味をかき立ててきたものは、チャスラフスカの信念と言い換えてもいいほどのかたくなな魂だった。それは、満開の花を散らし、枯れても再び咲くことを忘れない、あの桜の魂のようでもあった。

追章　東京五輪から51年。ガンと闘う「名花」ベラ・チャスラフスカ

二〇一五年三月、ベラさんから少し不思議なメールが届いた。

「あなたが書いたすばらしい本に充分に感謝の気持ちを伝えていなかったことをお詫《わ》びします。私の日本人の友人にとっても、とてもすばらしい本であることをお伝えいたします。オサダ様どうぞお元気で」

私はこのメッセージを読んで、彼女があらためて何かを伝えようとしているようで少し胸騒ぎを覚えた。ほどなくして、チャスラフスカさんが膵臓癌《すいぞうがん》を患い、手術することになったという一報が入ってきた。

四月二十一日に腹部に強い張りを感じたという。翌日、病院に行くとただちに手術の日取りが決められ、五月十五日、8時間に及ぶ手術で膵臓、胃、胆のう、肝臓など5カ

所を切り取った。

　私は居ても立ってもいられなかった。すぐにでも彼女が住むチェコに行きたかったが、もし、痩せ衰えたベラさんの弱々しい姿を目の当たりにしたら、私は何を言えばいいのか、何を言ってあげられるのか、何を言えば慰め、元気づけられるのか、まったく自信がなかった。どうすればいいのか。心底悩んだ。そして、あるアイディアを思い付いた。

　日本を愛するベラさんに、日本の友人たちの激励メッセージを撮影したビデオレターを届けようと考えた。そこに二〇一二年三月に彼女が中心となってチェコに招待した、東日本大震災で被災した岩手県の陸前高田市と大船渡市の子供たちからのメッセージも入れることにした。私はビデオカメラを抱えて、ベラさんの体操仲間や友人たちの声を集め続けた。皆、事情を察して気持ち良く協力してくれた。

　この時点で、まだ彼女にどこで、どんな状況で会えるのかは分からなかった。病院ならばビデオをテレビに接続して見られるのだろうか？　そもそもチェコの映像機器と日本のものは適合するのだろうか？　せっかく日本の友人たちの声と映像を集めたのに、結局は見せることができなければ意味がない。確実に映像を見せるには、どんな機材を準備していけばいいのか。とりあえず映像を編集したDVDなど、3種類の再生パターンを用意して、パソコンを抱え、すべて手荷物に入れて飛行機に乗り込んだ。

事前にチェコのプラハでベラさんと会える日を調整していた。たまたま九月のシルバーウイークと重なった。欧州経由の航空機はどこも予約で満席だったが、幸いアラブ首長国連邦のドバイ経由の便が確保できた。彼女から体調には日々波があり、良い日が続くとは限らない。だから3日間はプラハに滞在する日程にしてほしいと連絡が入っていた。ところが、プラハに到着した翌朝には「午後4時にプラハ城が見えるブルタバ川沿いのカフェ・レストランに来てほしい」とのメッセージがきた。

実際に会えることになり、安堵したが、新たな不安も募った。彼女は手術後も化学療法が続き、体重もかなり減ったと聞いていた。家から出て大丈夫なのか？　カフェ・レストランまではどうやって来るのか？　車いすに乗っているのかも知れない。私が日本から来たことで、ベラさんにひどく無理をさせてしまったのではないだろうか？　さまざまな思いが駆け巡った。

夏を思わせる日差しのカフェ・レストランの誰もいないテラスで彼女を待った。ふいに背中から少しハスキーな声が響いた。

「オサダ！」。車いすではなく、スウェット姿に赤いスニーカーをはいたベラさんが立っていた。彼女を抱き締めると、かつての厚みが半分になってしまったように感じられ、一刻も無駄にはできないように思い、慌ててＤＶＤに編集した日本の友人たちからのビデオレターを、パソコン画面で再生した。

ベラさんはひとりひとりの名前を口にして画面に見入った。オリンピック５大会で体操の審判をした１０２歳の吉田夏さんが拳を振り上げて『頑張れベラ！ 負けるなベラ！』と鼓舞する映像を見ると、同じ身ぶりで応えて、声を上げて喜んだ。

そして彼女は言った。

「心配してくれて本当にありがとう。私は大丈夫です。病気なんかには負けない。体操という難しいことをずっとやってきたので、それが（病気にも）役立っています。負けません。安心してください。二〇二〇年の東京オリンピックには必ず行きますので、そこで会いましょう」

以前と変わらない、とても張りのある声だった。彼女は強がりではなく、何のてらいもなく、ありのままで病気を組み伏せているように見えた。

四半世紀も取材を続けて彼女の心の強さは十分すぎるほど知っているつもりだったが、正直言って、今回会って感じた彼女の強さは、私の想像を遥かに超えるものだった。

少し私がボーッとしていると、スウェットの袖をたくし上げて、肩の近くにある点滴の管を見せた。その管から毎日16時間も薬と栄養剤を注入しているという。「今、口からは食べられないので」とも言った。「少し痩せましたか?」と控えめに尋ねると「ええ、25キロ痩せました」と言った。私は思わず言葉を失ったが、彼女はさらに続けた。

「ここ何年も太っていたので痩せたいとは思っていたけれど、病気で痩せるのは想定外でした。でもそのほかには髪が抜けたりだとか、激しい痛みなどはないの。良い医者に出会えたし、薬も合っているみたい。医者はいつも私の元気な様子を信じられないと言っているんです（笑い）」

私が彼女の話に聞き入っていると、さらにこう言った。

「オサダが日本からの使者となって、みんなのエネルギーを運んできてくれたので、必ず病気を退治してみせます」。彼女は上体を反らして胸を張り、声をたてて笑った。

「今まで私には本当にたくさんの敵がいたのよ。どんな時代にも次々に敵が出てきたの。だからこの程度のことではへこたれないし、負けませんよ」

現役時代には体操強国ソ連からライバルが次々と現れた。メキシコ五輪の直前にはワルシャワ条約機構軍がチェコスロバキア全土を占領して、彼女は山の中に身を潜めざるを得なかった。

そして、彼女は現役引退後、チェコの共産主義政権に翻弄され、20年もの間、一切の職を与えられず、不遇な時代を送った。その後の政変で復権し、大統領補佐官を務めたが、プライベートな事件で元夫が死に至ったことでマスコミから非難を浴び、それにより深く精神を病み、14年間も重い心の病に伏せった。

ベラさんの話を聞きながら、私はそんな彼女の激流のような人生が、目の前を走馬灯のように流れてゆく気がした。

テラスに西日が傾き、急に気温が下がりはじめた。彼女はプラハ郊外の自宅に帰るという。「タクシーを呼びますか？」と声をかけると、彼女は路面電車に乗って帰るから大丈夫だという。

一緒に停留所まで歩いた。4カ月前に大手術をしたとは思えない軽やかで、確かな足取りだった。停留所に並ぶ人の列を見て彼女は「あっ、電車がくる」と言い、私をもう一度抱き締めると「楽しかった。日本のみんなにお礼を言ってね。ありがとう」と口早に言い、走って電車に飛び乗った。遠のく電車を見送っていると、窓から腕がまっすぐ突き出てきた。人さし指と中指が立っていた。彼女からのピースサインだった。

日本では「病は気から」とよく言われるが、こんなにも強くて、へこたれない彼女の姿を見られるとは夢にも思わなかった。その姿はまるで樹齢600年という巨木を前にしたときと同じような迫力だった。そして、たくさんの約束をした。次回プラハで会うときにはビールとワインを浴びるほど飲む、オペラとバレエも見に行く、そして二〇二〇年の東京五輪で体操を一緒に見る……。握り締めた手の温かさを今も覚えている。

その電話がかかってきたのは、朝から蟬《せみ》が烈《はげ》しく鳴き続ける日だった。

「……4時間ほど前、プラハの病院でベラ・チャスラフスカさんが亡くなられました」

膵臓癌の転移を伝え聞いていたので、心の準備はしているつもりだったが、それでも絶句した。

二〇一六年八月三十日、享年74。


ベラ・チャスラフスカという名前を聞いて、何を人々は想うだろうか。

一九六四年東京五輪の華麗な演技に、美貌を重ね合わせるのか、あるいは東京とメキシコの五輪二大会で金メダル7個を誇る圧倒的な強さか……?

勿論、あの華やかな印象は忘れ難いが、それ以上に心に残して欲しいのは、人間の尊厳と自由への希求。信念を貫くためなら、どんな圧力や迫害を恐れず、自分を曲げない人だったことだ。

一九六八年メキシコ五輪で4個の金メダルを獲得し、チェコスロバキア（当時）に凱旋帰国したのもつかの間、彼女を取り巻く環境は一変した。彼女が民主化運動・プラハの春を支援する『二千語宣言』に署名していたからだ。

国の英雄は、『黒い羊（やっかい者）』と呼ばれ、激しいバッシングの対象になった。共産主義政権は署名撤回を執拗に迫った。尋問と連行が重ねられ、甘い言葉や様々《さまざま》な圧力、おどしなど、ありとあらゆるやり方で彼女の翻意を促した。「40回以上、しまいには数えるのも嫌になるほどだった」と振り返った。一切の仕事を与えられず、生活に困窮し、名前を偽り、変装して清掃員として、日銭を稼いだ。

『二千語宣言』に署名していた多くの著名人、有名選手は、投獄、迫害、暗殺を恐れて、署名の撤回をして、生き方を変えた。しかし彼女は、頑として拒み続けた。だからといって、彼女は生涯、生き方を変えていった人たちを批判や非難したことは唯《ただ》の一度もなかった。

彼女は必ずこういった。

「私は他の人を非難しないし、できません。何しろすさまじい圧力でした。家族や友人のために署名を撤回せざるを得なかった事情も分かります。家族をもちながら撤回しないでいられた私は、むしろ幸福だったのかもしれないです」

そして異なる機会には、

「日本の記者さんやジャーナリストは必ず質問します。どうして『二千語宣言』を撤回しなかったのか？　私の行動への複雑な答えを期待するのだけれど、複雑な事情があったのは、署名撤回をせざるを得なかった人のほうで、私はサムライの子孫なのだから、一度言ったことは変えないし、況《ま》してや生き方を変えるなんて寝ざめの悪いことはしない……」とユーモアを交じえた言い方をするだけだった。

ベラさんは素晴らしく実力のある体操選手であったが、その前に思慮深く、意志のある女《ひと》だった。自分の頭と体で考えて激動の時代を生きた。誰かに言われて行動したことなどない。自分が良いと思ったら、それをつらぬく。長い物に巻かれたほうが得だとか、損をしないように生きようなどと夢にも考えたことが無かった。それを彼女流の言い方で、

「私は日本に行って、沢山のギフトをいただいた。日本刀も兜《かぶと》も持っています、武士の命です。だから信念は曲げませんよ」と笑った。

日本のスポーツ界はタテ社会で上意下達、コーチや監督など上の人が決めたことは、疑問を持たずに従うのが当たり前の世界だった。だから今も体罰問題が跡をたたない。その社会に一石を投じたいという気持ちが強かった。体操選手である前に、一人の人間であることとは、どういうことなのか、を知ってほしいと思い、本書を書いた。

二〇二〇年五月、新型コロナウィルス感染拡大で閉塞感が充満する中で事件が起きた。米国、ミネソタ州で黒人男性ジョージ・フロイドさんが取り締まりの警官に膝で首を

押さえられて死亡した。

人種差別に反対する形で始まった運動「ブラック・ライブズ・マター（黒人の命は大事だ、BLM）」は、それまであったものだが、今回、事件現場のリアルな映像が世界中にくり返し流されたことは、今の時代ならではのことだった。

九月の全米オープンテニスで大坂なおみ選手は、毎試合、過去に警察による人種差別的な暴力の犠牲者となった黒人の名前入りの黒いマスクを着用して7試合を闘いぬき、優勝した。大坂は言った。

「私は一人のアスリートである前に、一人の黒人女性です。私のテニスを見てもらうよりも、今は注目しなければならない大切な問題があります」

アスリートである前に、一人の黒人女性……この発言は勇気ある行動として、人々の心を揺さぶることになった。

「スポーツ選手は、プレーさえしていればいいんだ」という根深い固定観念にクサビを打ち込んだ。

〝どうしても声を上げずにはいられない気持ち〟は、尊重されてしかるべきだろう。

彼女はハイチ出身の父と日本人の母の元に生まれ、3歳から米国で暮らしてきた。人種差別は、とても身近な問題だったと考えられる。

ベラ・チャスラフスカもプロボクシング元世界ヘビー級チャンピオンのムハマド・ア

リも差別と闘った。

一九六八年メキシコ五輪、体操の床で、ソ連の選手と合計点で同点優勝となった。表彰台に二人が並んだ。先にチェコスロバキア（当時）の国歌が流れ、次にソ連の国歌が流れた。その時彼女はどうしたのか？　瞬時にして彼女は表彰台の上で全世界中のプレスが見ていることを計算し、平和へのメッセージを無言の動作で示した。一方ヘビー級のボクシングを根底から変えたといわれたムハマド・アリの全盛期は、ベトナム戦争の時代と重なった。アリにも徴兵カードが届いた。その時彼はどうしたか？

彼は徴兵カードを焼き捨てて言った。

「俺は行かない。なぜ黒人の俺が1万6000km も離れた土地に行って、罪もない有色人種の頭の上に爆弾を落とす必要があるんだ」

ムハマド・アリもベラ・チャスラフスカも意にそわないことには、命がけで自分を貫いた。

〝オリンピックの舞台に政治をもち込むな〟〝神聖なテニスと黒人差別反対運動を一緒にするな〟など、いろいろな反対意見はあった。

しかし……、その人が少なくないであろうバッシングを正面で受けとめ、それでも言いたいことがある、主張したいことがある、言わずにおれないことがある……のなら、それは尊重されてしかるべきだと思う。

そして、〝アスリートである前に、人権だ、人間として考えることがあるはずだ〟という人の意見なら、その時に、どんなに叩《たた》かれようと、村八分に遇《あ》おうと、言うべきだし、信念をもっての行動をすべきだと思っている。

ムハマド・アリもベラ・チャスラフスカも自分たちの遺伝子を受け継いで成長している大坂なおみを遠く離れた空の上から、柔らかな眼差《まなざ》しで見つめているはずだ……。

病気のお見舞いでチェコで会った時がベラさんとの最後になった。

あのとき肩に残った夥《おびただ》しい点滴針の跡を見せてくれた後《のち》、居住まいを正してベラさんが言ったことをこの本の最後に記したい。

「日本は四方を海に囲まれた国です、それはチェコとは真逆。国の周囲がすべて海ということは、とても特徴的。デメリットもあるでしょうが、メリットも絶大です。塀を乗り越えて隣国が戦車でなだれ込んでくる環境には無かった、チェコとは違う。しかしその代わり日本はたびたび天災に見舞われ、台風、大雨、地震のそのたびに逞《たくま》しく諦めずに乗り越えてきた。そして日本は世界で唯一の被爆国であり、自分たちが作り出したものではないにしろ、日本は戦争をしないという平和憲法を大切にして70年も戦争をしないできた素晴らしい国です。世界に誇る平和憲法をこれからも大切にして、世界の手本になっていただきたい。世界の手本になれる国だということを日本の友人たちに、今一度伝えてほしい」

自分の時間が残り少なくなっている時にさえも、彼女は自分以外の人を案じていた。大好きな日本と、そこに住む日本人に希望の言葉を託したのだと思う。

合掌――。

著者とチャスラフスカ。1992年４月、国賓として来日。大統領補佐官としての任務の合間に取材に応じてくれた（提供／著者）

あとがき

二〇一四年九月『桜色の魂 チャスラフスカはなぜ日本人を50年も愛したのか』を上《じょう》梓《し》することができたのは、沢山の方のお力添えがあったからです。おひとりおひとりお名前を挙げてお礼を申し上げなくてはならないところですが、お許し下さい。

取材は足かけ24年にも及びました。折からの出版不況で一冊にすることは叶《かな》わないのだろうと半分諦めていました。

しかし、書きたい……という封印していた情熱に私より先に気付いたのは、同業者の盟友木村元彦氏でした。

「ともかく書いたらええやん、オサダさんは太地喜和子《たいちきわこ》の『欲望という名の女優』を書いてから20年、サボっているやん！」この的を射た激励は新鮮で、素直に発奮して一冊にまとめることができました。あの「サボっているやん！」を聞かなかったら、『桜色の魂』は世に出せませんでした。

日本経済新聞と朝日新聞で、二〇一四年度ノンフィクション部門の〝ベスト3〟の中に選考して下さった方がいたことを知った時は、目頭が熱くなりました。

単行本刊行の折に強い味方となっていただいた集英社クリエイティブ日野義則氏、スポルティーバ編集部・安楽竜彦氏、鍋田郁郎氏に改めて感謝いたします。

そして文庫化に際しては、文庫編集部・高橋博編集長に多大なご助力をいただきました。敬愛する作家・北方謙三氏に解説をお引き受けいただいたことは誇りです。

皆様、ありがとうございました。

二〇二一年三月

長田渚左

ベラ・チャスラフスカ

一九四二年五月三日チェコスロバキア（現チェコ）のプラハに生まれる。一九六四年の東京オリンピックで金3個、銀2個のメダルを獲得。優雅な演技と美貌で「東京の恋人」「オリンピックの名花」と称えられ、日本でも国民的な人気を博す。四年後（一九六八年）のメキシコ大会直前に、母国チェコスロバキアで民主化運動（プラハの春）が起こり、それに反対するソ連とワルシャワ条約機構の軍事介入によって、チェコスロバキアの改革は阻止された。民主化路線を支持する『二千語宣言』に署名をしたベラの安否と大会出場が危惧されるも、メキシコシティに姿を現し、祖国の屈辱を跳ね返すように金4個を含む6個のメダルを獲得。ベラは英雄となった。ところが、その後、署名撤回を迫る国からの迫害により20年以上自由を奪われ続けた。一九八九年、東欧に押し寄せた民主化の波はチェコスロバキアでビロード革命となって大きな転換点を迎え、名誉が回復し復活したベラは再び民衆の前に立った。だが、その四年後、家族が悲劇に見舞われ、私生活での苦難を強いられた。二〇一〇年日本より旭日中綬章を授与される。二〇一六年八月三十日、74歳で永眠。

東京五輪当時のベラ・チャスラフスカ（提供／チャスラフスカ）

参考文献

『ビジュアルＮＩＰＰＯＮ　昭和の時代―高度経済成長期から現在まで、50年間の軌跡』（伊藤正直、新田太郎監修／小学館）
『そうだったのか！　日本現代史』（池上彰／集英社）
『東京オリンピック１９６４』（フォート・キシモト、新潮社編／新潮社）
『チャスラフスカの証言　チェコスロヴァキア民主化への道』（工藤美代子／ベースボール・マガジン社）
『ベラ・チャスラフスカ　自伝　オリンピックへ血と汗の道』（ベラ・チャスラフスカ、竹田裕子訳／サンケイ新聞社出版局）
『私は日本が忘れられない―チャスラフスカ自伝』（ベラ・チャスラフスカ述、イルジー・ムク編著、宮川毅訳／ベースボール・マガジン社）
『戦車の下の真実―チェコ、八月二十一日の記録』（コリン・チャプマン、新庄哲夫訳／集英社）
『プラハ＝戦車の夏』（ピエール・デグロープ、ピエール・デュマイエ編、長塚隆二、久野三重子訳／北望社）
『物語　チェコの歴史―森と高原と古城の園』（薩摩秀登／中公新書）
『日本人の誇り』（藤原正彦／文春新書）
『体操日本栄光の物語―金メダルの王者の百年史』（小野泰男編著、日本体操協会監修／日本体操協会）
『ジョセフ・クーデルカ　プラハ侵攻１９６８』（ジョセフ・クーデルカ、阿部賢一訳／平凡社）

『石の音、石の影』（舟越保武／筑摩書房）
『ベラ・チャスラフスカ　最も美しく』（後藤正治／文藝春秋）
『「在外」日本人』（柳原和子／晶文社）
『私はチェコびいき　大人のための旅案内』（大鷹節子／朝日新聞社）
『オリンピックの政治学』（池井優／丸善ライブラリー）
『東京五輪１９６４』（佐藤次郎／文春新書）
『東京オリンピックへの遥かな道―招致活動の軌跡１９３０～１９６４』（波多野勝／草思社）
Pavel Kosatík, *Věra Čáslavská: Život na Olympu*, Mladá Fronta, 2012.

解説

北方謙三

一九六四年の東京オリンピックについては、すべてではないが、断片的にはかなり鮮やかな記憶が残っている。柔道の神永昭夫の敗北、マラソンのアベベ、重量挙げの三宅義信、体操の遠藤幸雄。その中でひと際鮮やかな記憶として、マラソンの円谷幸吉の力走、米国選手とドイツ選手による棒高跳びの実に九時間にわたる一騎討ちがある。特に棒高跳びは、照明の当たった二人だけが、無人の中で渡り合っているような、勝負の孤独さを感じさせるものだった。

そして、そういうものとはまったく別の次元のようにして、女子の体操競技の記憶が強くあるのだ。はじめは、ソ連とチェコスロバキアの選手を中心に見ていた。そのうち、チェコスロバキアだけになり、やがてベラ・チャスラフスカを見るという恰好《かっこう》になった。

美人だったからだろうか。高校生だった私には、大人の女性に見えた。角度によっては眼の下に隈《くま》が浮きあがり、それがまたいくらかなまめかしい表情に見えてしまうのだ。好きだったジャンヌ・モローというフランス女優とベラの二人が、私にとって隈の似合う女性だったのである。そういうことはどうでもいいだろう、と言えないような選手だった。存在そのものに、オーラがあった。競技に入ると、覇気がそのオーラを際立たせた。

ベラ・チャスラフスカは、東京五輪で最も記憶に残った選手のひとりだろう。私は、確かどこかの新聞社が出した、東京五輪の写真集を持っていて、平均台の演技をしているベラが表紙だった。

四年後のメキシコ五輪の時も、日本でベラは忘れられておらず、その出場について心配した人は多いのだろう。プラハの春がはじまり、八月のソ連の軍事介入で、圧殺された。その最中であったが、なんとか出国し、出場することができた。その時も、個人総合で金メダルを獲《と》り、ほかにも三つの金メダルで、圧倒的なものを世界に見せつけた。疑うことなく、国民的な英雄である。しかしそうはならず、言語に絶する迫害の中で、ひっそりと生きていくことになった。

プラハの春の圧殺と、その後の迫害がどんなものだったのか、ミラン・クンデラの『存在の耐えられない軽さ』という小説に、よく描きあげられている。これは映画にもなっていて、臨場感に溢《あふ》れる現実のシーンが随所に織りこまれている。

迫害は、二十年以上続き、ベラはようやくビロード革命で復権し、人々が仰ぎ見るような存在になった。

こういうことは本書に詳しく、私があえて言うことでもないが、人生の壮絶さは、いまでも私を刺激するのだ。そして壮絶さはそこにとどまらず、さらなる明暗の深淵《しんえん》を見せる。

その深淵も本書の要諦のひとつになっていて、体操選手という存在を描くだけでなく、人間を描くという意味において、実に深い洞察を見せているのだ。ここまで描かれると、ノンフィクションは、小説の虚構を凌駕《りょうが》していると言える。

本書のタイトルである『桜色の魂』は、武士道の魂と言っていい、と私は思っている。それほど、ベラは日本を、日本人を愛した。そしてその端緒に、遠藤幸雄という、稀代《きたい》の体操選手の存在がある。

遠藤も、東京五輪の個人総合金メダリストであり、一流になる前からの二人の交流は、天才は天才を知るというところがあり、興味深い。国際大会で擦れ違い、互いの演技を認め合うだけだったはずの二人が、立ちどまり、見つめ合った。そこから、ベラの心には、日本的な精神が根づきはじめるのだが、その微妙さは、ベラの心理部分の取材で、相当掘り下げられている。

ある時期、ベラと遠藤は、アスリートとして合わせ鏡のようではなかったのか。お互いの中に自分を見つけ、その自分を磨きあげた。それがどれほどのものだったのかは、外からは知るよしもないことだっただろう。跳馬の山下跳びを、山下ではなく遠藤がべラに教えた。その技を、東京五輪では『ヴェルカ』と名づけられた技にまで昇華させた。発展と言えば技だけのことになるが、日本選手の闘う魂をも、遠藤は伝えたのであろう。思いまで伴っていたので、『ヴェルカ』は昇華された技だったのだ、と私は思いたい。

遠藤幸雄についても本書は克明で、その本人を扱ったノンフィクションだとも言えるほど、迫力を持った章になっている。自分の人生を、体操というものに託して生きるしかなかった少年時代から、遠藤にとっては、演技の場に立つということは、人生そのものの勝負だったのだろう。そこで、不屈なものも養われた。

ベラ・チャスラフスカと遠藤幸雄が、どんなふうに影響し合ったのか、無論、それは余人にはわからないことである。しかし本書では、考え得るかぎり、あらゆる方向からそれに肉薄し、その中央にある真実が、輝く核のように感じられるほどに、突きつめられている。あとは、読む者の想像力に委ねる、ということでいいのだろう。そこまで行くのは、ノンフィクションの表現として、極限のものなのかもしれない。

メキシコ五輪で、女子体操二連覇を達成したベラが、帰国するとすぐに、英雄への道を歩くのではなく、非難の中で立ち尽すことになったのは、いま考えても異様なことである。他の価値観を許さない政治体制は、個人の輝きなどたやすく葬ってしまう。たったひとつの価値観の方へ歩み寄ってくれれば、安楽な暮らしをさせてあげるよという言葉で、信念や志などたやすく腐らせる。

そこで、たやすく葬られず、信念と志を決して曲げなかったベラは、体制にとっては厄介者で、国際的な名前がなかったら、死が待っていたと考えて、なんの不思議もない。ひと月やふた月、いや、あるいは一年、そういう状態に、人は耐え得るのかもしれない。

ベラは、二十余年、そこで耐えた。信じられないほどの歳月、彼女を支えていたものはなんだったのか。それについても、本書ではさまざまな方向から肉薄している。その肉薄の迫真力が、ノンフィクションなのだと、私はあらためて認識し直した。

考え得るかぎり、あらゆる方向からの、真実への肉薄。その苦闘の積み重ねが、対象に普遍性を与える。個人の行為の意味を一方向から推論するのではなく、すべての思いを結集させてわずか一歩でも対象に迫り、余白というものを潰していく。ベラ・チャスラフスカは、接近され、掘り返され、不屈な人間の魂というものを、普遍的に体現する存在になった、と言えるであろう。

ビロード革命で復権し、群衆の前に立ったベラは、誰も責めなかった。

ベラの人生は、ビロード革命における復権で終ったわけではない。二十一年間、強権の圧迫の中で耐え抜き、やがて新体制の中で活躍しはじめたが、家族の事件をきっかけに、長い沈黙の時間に入る過程を、本書では詳しく追っている。

再起不能だと言われていたが、ある時、覚醒し復活した。実に十四年にわたる沈黙であったという。

女の一生とひと口に言ってしまっても、想像が及ばない壮絶さである。体操選手として頂点に登りつめる過程でも、圧倒的な権力の暴虐の中でも、ベラを支えた大きな要素のひとつが、日本人の魂である。とりわけ、同時代に生きた日本の体操選手たちとの、深いところでの触れ合い。

遠藤幸雄との心の交流は、なにか魔的なものさえ感じさせるほどだ。東京五輪のころの日本人の素晴しさが、痛いほど伝わってくる。私はしばしば、襟を正した。

本書は、ベラ・チャスラフスカという女性の一生を追いながら、彼女に深く影響を与えた日本的な魂を、鮮やかに照らし出した労作である。

日本人を考え直すためにも、読まれるべき一冊であろう、と私は思う。

（きたかた・けんぞう　作家）

本文中に登場する人物の肩書きや団体の名称等は原則として執筆当時のものです。

JASRAC　出　二一〇二六七四－一〇一

本書は二〇一四年九月、集英社より刊行されました。

（文庫化にあたり、「追章　東京五輪から51年。ガンと闘う「名花」ベラ・チャスラフスカ」を加えました）

集英社文庫

桜色《さくらいろ》の魂《たましい》　チャスラフスカはなぜ日本人《にほんじん》を50年《ねん》も愛《あい》したのか

2021年4月25日　第1刷　　定価はカバーに表示してあります。

著　者　長田渚左《おさだなぎさ》
発行者　徳永　真
発行所　株式会社　集英社
東京都千代田区一ツ橋2-5-10　〒101-8050
電話　【編集部】03-3230-6095
【読者係】03-3230-6080
【販売部】03-3230-6393（書店専用）
印　刷　図書印刷株式会社
製　本　図書印刷株式会社

フォーマットデザイン　アリヤマデザインストア　　マークデザイン　居山浩二

ISBN978-4-08-744239-7 C0195